# 생활 속의 보왕삼매론

김현준 지음

효림

생활 속의 보왕삼매론

초 판 1쇄 펴낸날 2002년 4월 13일 (초판 16쇄 발행)
개정판 1쇄 펴낸날 2019년 7월 15일 (전체 내용 개정)
     4쇄 펴낸날 2025년 2월 11일

**지은이** 김현준
**펴낸이** 김연지
**펴낸곳** 효림출판사

**등록일** 1992년 1월 13일 (제2-1305호)
**주 소** 서울시 서초구 반포대로14길 30, 907호 (서초동, 센츄리Ⅰ)
**전 화** 02-582-6612, 587-6612
**팩 스** 02-586-9078
**이메일** hyorim@nate.com

값 9,000원

ⓒ효림출판사 2019
ISBN 978-89-85295-28-4  03220

잘못 만들어진 책은 바꿔 드립니다.
이 책은 저작권법에 따라 보호를 받는 저작물이므로 무단전재와 무단복제를 금지합니다.

## -개정판을 내면서-

지난 2002년 4월에 『생활 속의 보왕삼매론』이라는 단행본을 발간하였습니다. 많은 분들의 관심 속에 발행 부수 또한 많았습니다.

하지만 불만과 장애로 가득찬 현대인의 삶에 참으로 도움이 되는 「보왕삼매론」의 뜻을 완벽하게 전달하지 못하였다는 미진함이 늘 마음 한구석에 있었습니다. 그래서 이전 책을 절판시키고, 2018년 6월부터 월간「법공양」에 〈보왕삼매론 강의〉라는 제목으로 연재를 시작하였습니다.

"옛 글에 집착하지 말고, 오로지 보왕삼매론의 참뜻과 읽는 분만을 생각하며 글을 쓰자."

그리하여 열심히 글을 썼고 반응도 매우 뜨거웠습니다. 제 자신도 조금 만족스러웠기에, 13회에 걸쳐 연재한 글들을 한데 묶어 새롭게 책을 만들되,『생활 속의 보왕삼매론』이라는 옛 제목은 그대로 채택하였습니다.

이 책을 쓴 공덕을 모든 이들의 행복과 곧 혼례를 올리는 큰딸 김연수의 복되고 평화로운 결혼 생활에 회향합니다.

불기 2563년 6월 중순
김현준 拜

차 례

序. 걸림돌을 디딤돌로 … 11

1. 병고를 양약으로 삼아 … 20
　· 병 없기를 기원하지만 · 20
　· 병은 대우주의 경고 · 24
　· 병의 성품은 공空 · 29
　· 감로병과 감로수 · 35

2. 고난은 해탈의 원동력 … 38
　· 고난 없는 존재는 없다 · 38
　· 고난, 어떤 자세로 받아들일 것인가? · 43
　· 행복할 때 교만을 경계하라 · 45
　· 고난 극복의 길 · 49
　· 고난의 실체 · 53

3. 마음공부와 장애 … 58
　· 무엇이 장애인가 · 58
　· 장애 없기를 바라지 말라 · 62
　· 장애의 실체와 극복 · 66
　· 마음 궁구 · 70

차 례

4. 불자의 서원과 마 … 76
   · 우리가 이겨야 할 마 · 76
   · 서원으로 마를 극복하라 · 83
   · 마의 실체 · 87
   · 순경계도 역경계도 모두 넘어서라 · 89

5. 쉽게 되기를 바라는가 … 94
   · 쉽게 이루고자 할 때 쉽게 망한다 · 94
   · 스스로 흔들어 일을 망친다 · 98
   · 마음을 잘 쓸 때 일도 풀린다 · 104
   · 팔정도가 성취의 비결 · 108

6. 서로를 살리는 정을 나누며 … 113
   · 순수한 정과 이기적인 정 · 113
   · 참회하며 사랑하라 · 119
   · 사랑의 참회법과 축원법 · 122
   · 인연의 토대 위에서 향상의 길로 · 127

차 례

7. 남이 순종하기를 바라는가 … 131
- 인간관계의 흐름·131
- 다른 이의 순종을 바라지 말라·135
- 깨달은 이의 인간관계·140

8. 베풀되 보답을 바람이 없이 … 147
- 베풂에 감사하고 감사하며 베풀면·147
- 내가 베푼 공덕은 꼭 나에게 온다·152
- 결국은 무아無我의 보시·159

9. 참된 자기 이익의 길 … 164
- 불교는 자리이타의 종교·164
- 분수를 넘어서면 스스로가 훼손된다·169
- 분수 이상의 이익추구는 번뇌·174

차 례

10. 억울함을 향상의 기회로 … 181

· 어처구니없는 억울한 일들 · 181
· 꼭 넘어서야 할 억울한 감정 · 186
· 억울함 받아들이기 · 191
· 억울함이 열어주는 수행의 문 · 196

結. 막힌 데서 통한다 … 200

· 장애와 해탈은 함께한다 · 201
· 살인마 앙굴리마라와 부처님의 자비 · 209
· 제바달다의 반역 · 218
· 무심이야말로 큰 지혜요 큰 자비 · 223

부록 : 독송용 보왕삼매론 … 227

9

# 序. 걸림돌을 디딤돌로

### 보왕삼매론寶王三昧論

1. 몸에 병 없기를 바라지 말라. 몸에 병이 없으면 탐욕이 생기기 쉽나니, 그래서 성인이 말씀하시되 '병고로써 양약을 삼으라' 하셨느니라.
2. 세상살이에 고난 없기를 바라지 말라. 세상살이에 고난이 없으면 교만과 사치하는 마음이 생기나니, 그래서 성인이 말씀하시되 '근심과 고난으로써 세상을 살아가라' 하셨느니라.
3. 마음공부에 장애 없기를 바라지 말라. 마음에 장애가 없으면 배우는 것이 넘치게 되나니, 그래서 성인이 말씀하시되 '장애 속에서 해탈을 얻으라' 하셨느니라.
4. 수행하는 데 마魔 없기를 바라지 말라. 수행하는 데 마가 없으면 서원이 굳건해지지 못하나니, 그래서 성인이 말씀하시되 '모든 마로써 수행을 도와주는 벗을 삼으라' 하셨느니라.
5. 일을 꾀하되 쉽게 되기를 바라지 말라. 일이 쉽게 이루어지면 뜻을 경솔한 데 두게 되나니, 그래서 성인이 말씀하시되 '여

러 겁을 겪어 일을 성취하라' 하셨느니라.

6. 친구를 사귀되 내가 이롭기를 바라지 말라. 내가 이롭고자 하면 의리를 상하게 되나니, 그래서 성인이 말씀하시되 '순결로써 사귐을 길게 하라' 하셨느니라.

7. 남이 내 뜻대로 순종해주기를 바라지 말라. 남이 내 뜻대로 순종해주면 마음이 교만해지나니, 그래서 성인이 말씀하시되 '내 뜻에 맞지 않는 사람을 원림園林으로 삼으라' 하셨느니라.

8. 덕을 베풀되 보답을 바라지 말라. 보답을 바라면 도모하는 생각을 하게 되나니, 그래서 성인이 말씀하시되 '덕을 베푸는 것을 헌신짝처럼 버리라' 하셨느니라.

9. 이익을 분에 넘치게 바라지 말라. 이익을 분에 넘치게 바라면 어리석은 마음이 생기나니, 그래서 성인이 말씀하시되 '적은 이익으로써 부자가 되라' 하셨느니라.

10. 억울함을 당해서 밝히려고 하지 말라. 억울함을 자꾸 밝히면 원망하는 마음을 돕게 되나니, 그래서 성인이 말씀하시되 '억울함을 당하는 것으로 수행하는 문을 삼으라' 하셨느니라.

이와 같이 막히는 데서 도리어 통하는 것이요, 통함을 구하는 것이 도리어 막히는 것이니, 이래서 부처님께서는 저 장애 가운데에서 보리도를 얻으셨느니라.

저 앙굴리마라와 제바달다의 무리가 반역스런 짓을 하였는데도, 우리 부처님께서는 모든 수기를 주셔서 성불하게 하셨으니, 어찌 저의 거슬리는 것이 나를 순종함이 아니며 저의 방해한 것이 나를 성취하게 함이 아니리오.

요즘 세상에 도를 배우는 사람들이 만일 먼저 역경에서 견디어 보지 못하면, 장애에 부딪힐 때 능히 이겨 내지 못하여 법왕의 큰 보배를 잃어버리게 되나니, 이 어찌 슬프지 아니하랴!

❦

너무나 좋은 글귀로 구성되어 있기에 많은 불자들이 독송을 하고 깊이 마음에 새기는 「보왕삼매론」!

「보왕삼매론」은 일상생활 또는 수행 중에 생겨나는 걸림돌을 주춧돌과 디딤돌로 바꾸는 가르침입니다. 시시각각으로 다가오는 장애들을 지혜롭게 수용하여 자유와 행복과 청정과 해탈을 이루는 방법을 함축성 있게 설한 것이 「보왕삼매론」입니다.

곧 「보왕삼매론」은 인생살이에서 열 가지 큰 장애가 되는 행인 십대애행十大礙行에 대해 이야기하고 있습니다.

이 '십대애행'에는 인생살이에서의 순경順境과 역경逆境이 반반씩 안배되어 있습니다.

① 몸의 병　　　　　② 세상살이의 고난
③ 마음공부의 장애　④ 수행의 마魔
⑩ 억울함을 당함 등은 역경이요,
⑤ 일의 쉬운 성취　　⑥ 정을 나눔
⑦ 다른 이의 순종　　⑧ 덕의 베풂
⑨ 이익 등은 순경에 대한 것입니다.

그런데 이 모두를 인생살이의 장애요 공부의 장애라고 하였습니다. 역경은 '나'를 거스르기 때문에 그 자체가 장애이고, 순경 또한 '나'에게 맞다고 하여 마음이 흐르는 대로 방치를 하여 지나치거나 그릇된 길로 나아가면 곧바로 역경으로 바뀌기 때문에 장애라고 한 것입니다.

나아가 역경이라 하여 결코 나쁜 것만이 아니요 순경이라 하여 결코 좋은 것만이 아님을 강조하면서, 그 속에서 도를 익히고 행복을 이루어내는 방법을 간략하게 설하셨습니다.

인생의 걸림돌을 행복과 성공의 주춧돌과 디딤돌로 만들어주는 「보왕삼매론」!

이 세상 어떤 사람이 장애를 원하겠습니까? 하지만 업보중생業報衆生인 우리에게는 쉼 없이 장애가 찾아듭니다. 싫어해도 찾아들고 미워해도 다가옵니다. 도망을 가면 더욱 악착스럽게 따라붙습니다.

과연 이 장애들을 어떻게 극복할 것인가? 무엇보다도 그 장애들을 싫어해서는 안 됩니다. 싫어하지 말고 피하지 말고 도망가지 말고, 지금 이 자리에서 장애로운 걸림돌을 무애無礙의 디딤돌로 만들어야 합니다.

정녕 이 장애를 누가 만들었습니까? 신이 주는 시련입니까? 마구니의 장난입니까? 아닙니다. 내가 만든 결과물이 나에게로 다가온 것입니다. 그야말로 인과응보입니다.

그러므로 온 마음으로 장애들을 긍정하고, 장애와 하나가 되어 장애를 극복해야 합니다. 그렇게 되면 장애가 나를 결박하지 못하고, 오히려 새로운 삶과 좋은 결실을 안겨줍니다. 이는 마치 금이 함유된 광석을 펄펄 끓는 용광로 안에 넣는 것과 같습니다.

광산에서 금광석을 캐면 그 속에는 금만 있는 것이 아닙니다. 은도 있고 동도 있고 철도 있고 아연도 있기 마련입니다. 곧 그 금광석 자체는 금이 아닙니다. 따라서 순금을 만들어내기 위해서는 하나의 과정을 반드시 거쳐야 합니다. 잡된 금광석을 용광로에 넣어 불로 가열하는 것이 그것입니다.

불은 광석 전체를 녹입니다. 금마저 녹입니다. 그 결과 잡된 이물질이 다 분리되어, 세계 어디에서나 통용이 되는 24K의 순금을 얻을 수 있게 되는 것입니다.

순금을 얻고 나면 어떻습니까? 그 금으로 금괴·금가락지·금팔찌·금목걸이·금돼지·순금열쇠 등을 마음대로 만들 수 있고, 한결같이 높은 가치를 지닐 수 있게 됩니다.

장애와 함께 하는 우리의 삶은 잡된 것들이 뒤섞여 있는 금광석과 같습니다. 그때 우리는 불을 피워야 합니다. 찾아든 장애와 함께 불속으로 뛰어들어 순금을 개발해야 합니다.

보검寶劍 또한 마찬가지입니다. 철이 있다고 하여 보검이 그냥 만들어지지 않습니다. 철을 불에 달구고 두드리고 물에 집어넣기를 천 번 만 번 반복하여, 쇠똥이 모두 빠져나가고 잡철이 전혀 나오지 않게 되어야 비로소 보검을 만들 수 있습니다.

우리의 마음에는 탐貪·진瞋·치癡의 삼독심에서 비롯된 팔만 사천 가지 번뇌망상이 금에 잡철 붙어 있듯이 가득합니다. 이러한 생각들이 우리의 성공을 막고 평화와 행복을 가로막습니다.

그럼 어떻게 하여야 성공과 행복이 찾아드는가? 스스로를 단련해야 합니다. 마음에서 일어나는 잡철 등의 하찮은 마음이 쑥 빠져나가게 되면, 24금을 얻고 보검을 얻어 크게 성공을 할 수 있고 남을 지도할 수 있는 사람이 될 수 있습니다.

이처럼 장애를 만났을 때 싫어하지 않고 용맹심의 불을 일으키게 되면 그 장애가 어떻게 '나'를 얽어매겠으며, 어찌 삶이 더욱 향상하지 않겠습니까?

바로 이것입니다. 이렇게 삶 속의 걸림돌을 주춧돌로 디딤돌로 바꾸는 원리를 설한 것이 「보왕삼매론」입니다.

다시 한번 정리하면, 「보왕삼매론」은 **'～하기를 바라지 않아야 ～을 잘 다스려 평화롭게 살 수 있고 행복하게 살 수 있게 된다'**는 가르침입니다.

① 병이 없기를　　② 고난이 없기를
③ 장애 없기를　　④ 마魔 없기를
⑤ 일이 쉽게 되기를　⑥ 친구로부터 득을 보기를
⑦ 남이 순종하기를　⑧ 공덕과 과보가 크기를
⑨ 이익이 넘치기를　⑩ 억울함 밝혀지기를

**바라지 않아야**

① 탐욕 없이　　② 교만과 사치 없이
③ 적절히 배우고　④ 굳건한 서원 속에서
⑤ 경솔함 없이　　⑥ 의리를 상하지 않고
⑦ 교만하지 않고　⑧ 엉뚱한 일을 저지르지 않고
⑨ 어리석음 없이　⑩ 원망 없이

**잘 살아갈 수 있다는 것입니다.**

모든 문제와 장애들을 미리 막아 지혜롭고 자유로운 삶을 살 수 있도록 이끌어주는 「보왕삼매론」. 이 얼마나 바람직하고 가치 있는 가르침입니까? 인생의 자유와 행복과 평화를 바라는 이라면 이 소중한 가르침을 꼭 새기고 또 새겨야 할 것입니다.

❦

이「보왕삼매론」은 중국 원나라 말기부터 명나라 초기에 걸쳐 중생을 크게 교화하셨던 묘협妙叶스님의 저서인『보왕삼매염불직지寶王三昧念佛直指』총 22편 중 제17편〈십대애행十大礙行(열 가지 큰 장애가 되는 행)〉에 나오는 구절을 가려 뽑아 엮은 글입니다.

저자인 묘협스님께서는 불교의 여러 수행법을 점검하고 닦아본 결과, '염불이야말로 가장 쉽게 삼매三昧에 이를 수 있는 수행법'이라 확신하고, 염불삼매를 백천만 가지 삼매 중에서 가장 보배롭고 으뜸가는 것이라 하여 '보왕삼매'라는 이름을 붙였습니다.

그리고 제17편〈십대애행〉은 묘협스님께서 평화로움을 이루는 삼매를 닦음에 있어 방해가 되는 열 가지 큰 장애를 여러 경전에 의거하여 정립해 놓은 것입니다.

그런데 오늘날 유통되고 있는 「보왕삼매론」에는 전체의

내용을 다 수록하고 있지 않습니다. 곧 **열 가지 큰 장애를 대처하는 열 가지 불구행**不求行(구하지 말아야 할 행)과 그 장애가 없을 때 자라나는 내면적 허물까지만 뽑아 엮어 놓은 것입니다.

그러나 묘협스님 원래의 글은 여기에서 한 걸음 더 나아가 **내면적 장애가 만들어내는 외면적인 폐단을 비롯하여, 각 장애요인을 꿰뚫어 보는 방법까지를** 밝히고 있습니다. 따라서 이 책에서는 원문을 원래대로 다시 살려 전체를 볼 수 있게 새기고 해설하였습니다.

지금 이 나라는 많은 어려움을 맞이하고 있습니다. 또한 물질적인 풍요 속에서 점점 살기가 편해지는 반면, 정신적인 스트레스가 팽배하고 마음이 더욱 각박해지는 시절로 바뀌고 있습니다.

바로 이러한 때에, 우리가 장애를 큰 스승으로 삼고「보왕삼매론」의 가르침 속에서 큰 복전福田을 가꿀 수 있다면 이보다 더한 다행이 어디에 있겠습니까?

모두가 함께 이「보왕삼매론」을 통하여 큰 기틀과 큰 행복과 큰 자유를 증득하시기를 축원 드리면서「보왕삼매론」의 본문을 열겠습니다.

# 1. 병고를 양약으로 삼아

몸에 병 없기를 바라지 말라.
몸에 병이 없으면
탐욕이 생겨나기 쉽고
탐욕이 생겨나면 마침내
파계하여 도에서 물러나게 되느니라.
병의 인연을 살펴
병의 성품이 공(空)한 것을 알면
병이 '나'를 어지럽히지 못하나니
그러므로 대성인이
'병고로써 양약을 삼으라' 하셨느니라.

념심불구무병
**念身不求無病**
신무병즉
**身無病則**
탐욕내생
**貪欲乃生**
탐욕생필
**貪欲生必**
파계퇴도
**破戒退道**
식병인연
**識病因緣**
지병성공
**知病性空**
병불능뇌
**病不能惱**
시고대성화인
**是故大聖化人**
이병고위양약
**以病苦爲良藥**

## 병 없기를 기원하지만

사람들은 몸에 병이 깃들지 않기를 기원합니다. 언제나 병 없이 살기를, 건강하게 살기를 기원합니다. 병뿐만이 아닙니다. 늙음도 죽음도 찾아오지 않기를 바랍니다. 그러나「보왕삼매론」에서는 이러한 기대부터 '말라'고 합니다.

"몸에 병 없기를 바라지 말라."

'원치 않는 병이여, 제발 찾아들지 말라'는 것은 지극히 당연한 인간적인 바람입니다. 그런데 왜 '바라지 말라'고 한 것일까요? 몸이 있으면 병이 찾아들게끔 되어 있는 것인데, 병이 없기를 바라면 바라는 대로 되기는커녕, 번뇌만 심해지고 힘만 더 들 뿐이기 때문입니다. 그래서 '병 없기를 바라지 말고' 살 것을 강조하신 것입니다.

오히려「보왕삼매론」에서는 몸에 병이 없을 때 생겨나는 병폐를 지적하고 있습니다.

"몸에 병이 없으면 탐욕이 생겨나기 쉽고, 탐욕이 생겨나면 마침내 파계하여 도에서 물러나게 되느니라."

부처님께서도『증일아함경』에서 말씀하셨습니다.

"나의 몸은 병들고 나는 병을 초월할 수 없다는 것을 언제나 되새겨야 한다. 누구나 건강할 때는 '건강하다'는 자신감에 취해 몸과 말과 뜻으로 갖가지 업을 짓게 된다. 그러나 병을 초월할 수 없다는 것을 되새길 줄 알면 교만함이 사라지고 악업도 줄어드느니라."

실로 보통 사람들은 몸이 건강할 때 무상함을 잘 생각하지 않습니다. 건강할 때는 병과 죽음이 깊이 있게 다가오지 않으므로 감각기관이 좋아하는 바를 쫓아다니며 삽니다. 병 들었을 때 어떻게 되는가는 생각하지 않고 현재의 탐착하는 바를 따라 살아갑니다.

과연 무엇에 탐착하며 살아가는가? 요약하면 재욕財欲·색욕色欲·식욕食欲·명예욕名譽欲·수면욕睡眠欲의 오욕락五欲樂에 탐착하고, 오욕락을 누리며 살고자 하는 것입니다. 그럼 이 오욕락이 나쁜 것인가?

인간의 기본적인 욕망인 오욕락은 결코 나쁘기만 한 것이 아닙니다. 돈이 부족하면 갖고 싶고, 배가 고프면 먹고 싶고, 이성과 함께하고 싶고, 피곤하면 자고 싶어지는 것입니다. 따라서 적당하게 가지고, 합당하게 즐기고, 알맞게 먹고, 잘 만큼 자는 것은 전혀 문제가 되지 않습니다. 당연한 바람인데 어찌 문제가 되겠습니까?

문제는 '싶다'가 지나칠 때 일어납니다. '싶다'가 지나치면 탐욕貪欲이 됩니다. 이 탐욕의 시작은 모두 '더 갖고 싶다', '더 하고 싶다', '더 먹고 싶다', '더 누리고 싶다', '더 자고 싶다'는 등의 '남보다 더, 지금보다 더 ~하고 싶다'에서 출발합니다.

지나치게 누리며 살고자 한다! 이것이 탐욕의 시작이며, 지나치고 법도에 맞지 않는 것을 일러 탐욕이라고 하는 것입니다.

탐욕은 '나'에게 맞고 내가 바라는 바를 나의 것으로 만들기 위해 잡아당기는 것입니다. 끌어당기는 것입니다. 나의 것이 아닌데도 잡아당겨 내가 먹고, 상대가 원하지 않는데도 끌어당겨 나의 것으로 만들며, 가져서는 안 되는 것인데도 잡아 끌어 내가 가지는 것이 탐욕입니다.

그런데 더 큰 문제는 인간의 탐욕심을 그대로 놓아두면 끝이 없다는 데 있습니다. 원하는 것이 충족될 때까지 끊임없이 끌어당기고, 충족이 되고 나면 또다시 더 큰 욕심을 일으켜 '나'의 것으로 만들려고 합니다.

이렇게 하다가 정도를 넘어서면 어떻게 됩니까? 파계破戒를 하고 패가망신합니다. 탐욕심으로 끊임없이 끌어당기다 보면 당연히 지켜야 할 계戒의 선線을 넘어서게 되고, 마침내는 파멸 속으로 빠져들게 됩니다.

이것을 누가 모르겠습니까? 그런데도 사람들은 쉽게도 오욕락에 빠져듭니다. '이 몸을 즐겁게 해주는 것은 오욕락'이라는 착각 속에 빠져 헤어나지를 못합니다. 잡아당기고 끌어당기는 탐욕심이 앞으로 받게 될 과보를 잊게 만들어 버리기 때문입니다.

하지만 탐욕에 사로잡힐수록, 오욕락에 빠지면 빠질수록 몸은 더욱 빨리 망가집니다. 맛있는 음식, 이성과의 잦은 관계, 재물을 모으는 재미에 밤낮을 잊고 행하는 노동…. 그 결과는 몸의 부실로 이어져 병이 찾아들고 마침내는 몸의 붕괴로 끝을 맺게 됩니다.

 정녕 그 병과 죽음으로 끝을 맺게 되는가? 아닙니다. 이 몸을 위하고 쾌락을 위하여 남을 괴롭히고 희생시킨 악업惡業을 짊어지고 삼악도를 향한 여행을 떠나게 되는 것입니다. 그래서 「보왕삼매론」은 우리를 일깨우고 있습니다.

> "몸에 병 없기를 바라지 말라. 몸에 병이 없으면 탐욕이 생겨나기 쉽고, 탐욕이 생겨나면 마침내 파계하여 도에서 물러나게 되느니라."

 병을 통하여 도심道心을 불러일으키고, 바른 삶을 이끌어내라는 사자후를 하고 있는 것입니다.


### 병은 대우주의 경고

 그럼 병이 들었을 때는 어떻게 해야 하는가?

 사람들은 병 자체를 싫어합니다. 크고 작은 병 모두를 싫어합니다. 왜 싫어합니까? 내가 가장 사랑하는 '나'를 병이 찾아들어 힘들게 하기 때문입니다. 그래서 병이 들면 긍정적인 마음을 갖지 않습니다. 고치기 어려운 병이 들수록 크게 실망하고 많이 슬퍼합니다. 특히 병이 없기를 바라고 있었던 이들에게는 충격과 슬픔과 실망이 더욱 더합니다.

그러나 큰 병이 들었을 때일수록 냉정하게 병을 긍정하고 병의 원인을 찾을 줄 알아야 합니다.

"병의 인연을 살펴라."

「보왕삼매론」의 이 말씀은 '무엇 때문에 지금의 병이 들게 되었는가'부터 반성해 보라는 것입니다.

이유 없는 병은 없습니다. 원인 없이 그냥 찾아오는 병은 없습니다. 병의 씨를 심고 그 씨를 키워왔기 때문에 지금의 병이 모습을 드러낸 것입니다. 오욕락에 취해 몸을 함부로 굴렸거나, 정신적인 스트레스에 시달리며 살았거나, 깊은 무기력에 빠졌거나, 한을 안고 살았거나, 누군가를 지독히 증오하며 살았거나, 살생의 업을 많이 지었거나, 영가의 장애로 말미암는 등, 병에는 분명한 까닭이 있습니다.

수명이 다해서 찾아온 병이 아니라면, 그 병의 원인을 정확히 알아서 마음을 풀고 몸을 돌보고 삶의 방식을 바꾸어야 합니다. 그렇게 하면 병이 사라집니다.

❀

암이라면 사람들이 크게 두려움을 느꼈던 1991년 여름, 54세의 나이로 개인사업을 하던 안광수씨는 소화가 잘되지 않고 피곤이 심하여 종합병원을 찾았습니다. B형 간염이 있었는데 그 탓이 아닌가 하여 검사를 받으러 간 것입니다. 3일 뒤 검사결과를 알아보기 위해 다시 병원을 찾았을 때 의

사가 단호하게 말했습니다.

"입원을 하셔서 정밀검사를 받아야겠습니다. 간경변이 아닌지 의심스럽습니다."

입원을 하여 7일 동안 각종 검사를 하였을 때, 의사는 다시 요구했습니다.

"혈관 촬영을 해봅시다."

혈관 촬영이 무엇인지를 몰랐던 안광수씨는 '촬영' 후 큰 고통을 느꼈지만, '그런가 보다' 하며 넘겼습니다. 그것이 혈관 촬영이 아니라 항암제를 투여하는 암 치료였음을 느끼게 된 것은 머리카락이 빠진 다음이었습니다. 그의 부인은 의사로부터 남편이 앞으로 3~6개월 정도밖에 살지 못할 것이라는 말을 들었지만….

두 번째 항암제 치료를 받을 때 안광수씨는 의사로부터 '간암'이라는 병명과 함께 간 속에 지름 5.5㎝ 크기 한 개와 2㎝ 크기 두 개 등 3개의 암 덩어리가 자라고 있다는 말을 들었습니다. 그는 매우 큰 충격을 받았지만, 바쁘게 살아온 지난날을 돌아보았습니다.

'좀 더 잘살아보겠다고 일에 시달리며 살았던 나날들! 술에 고기에 불규칙한 생활들…. 이 어찌 그냥 온 병이랴.'

지나온 삶을 되돌아보며 간암이라는 큰 병을 담담하게 받아들인 안광수씨는 적극적으로 임했습니다. 간암을 이긴 사람들의 모임인 '밀알회' 회원이 되어 식이요법을 배웠습니다.

2개월 동안 요양하며 약 복용과 함께 꾸준히 식이요법을 한 다음 검사를 받았을 때, 암 크기는 4.8㎝로 줄었고, 얼마 뒤에는 다시 2.9㎝로 줄었습니다. 1년 뒤, 초음파 검사를 마친 의사는 매우 기뻐하며 말했습니다.

"기적 같은 일입니다. 희미한 흔적은 있으나 암은 사라졌습니다. 축하합니다."

1994년, 그의 몸에서는 간염까지 모두 사라졌으며, 건강을 완전히 회복한 안광수씨는 경기도 일산에 인쇄공장을 설립하였습니다. 그는 2000년 11월 30일자 〈조선일보〉 인터뷰에서 말했습니다.

"암에 걸리면 초조하고 불안해지기 마련인데, 그러면 잘 낫지 않는다는 것을 알게 되었습니다. 의학 치료와 함께 마음을 편하게 갖고, 식이요법과 운동을 병행하면 암도 이길 수 있다고 확신합니다."

§

이 안광수씨의 경우처럼 큰 병이 왔다고 절망에 빠지거나 포기할 일이 아닙니다. 이때 지난 삶을 되돌아보고 병의 원인을 찾아 마음을 거두어 잡아야 합니다.

결코 병은 죽음을 알리는 소식만이 아닙니다. 오히려 병은 생명의 기운으로 가득 차 있는 대우주의 경고입니다. 법답게 잘 살라는 대우주의 경고입니다. 감기 몸살 하나에도 이러한 경고가 담겨 있습니다.

"감로병인 몸을 어찌 그리도 혹사시키느냐? 쉬어주어라. 감로병이 온전하여야 감로수가 새지 않느니라."

큰 병일수록 경고 또한 강합니다. 오욕락에서 깨어나 바르게 살아라, 한을 풀고 살아라, 마음을 넉넉하게 쓰라, 세상을 의미 있게 살아라, 생명을 중시하라, 참회하라는 등의 경고를 담고 있습니다.

생애의 끝에 찾아드는 병까지도 끝맺음의 회향廻向, 마지막의 회향, 새로운 생生에 대한 회향을 잘하라는 경고를 담고 있습니다.

이처럼 우리에게 찾아오는 병은 우리로 하여금 향상된 삶을 살 것을 깨우쳐주고 있습니다. 따라서 병이 들면 지난날을 돌아보고 병의 원인이 된 잘못을 고쳐, 향상의 길로 나아가야 합니다.

결코 병이 전하는 경고를 무시해서는 안 됩니다. 경고가 왔을 때 스스로를 반성하고 스스로의 삶을 바꾸면 얼마든지 건강해질 수 있는 여지가 있습니다. 하지만 여러 차례의 경고에도 바꿀 줄 모르고 고칠 줄 모르면 병은 마침내 이 몸을 무너뜨립니다.

여기 우화 같은 한 편의 이야기가 있습니다.

저승사자가 잡아온 사람에게 염라대왕이 물었습니다.

"너는 인간 세상에서 무슨 일을 하다가 왔느냐?"

"장가가서 일하고 처자식 먹여 살리며 살았습니다."

"그것은 인간이면 누구나 다 할 수 있는 일이 아니냐? 그런 일 말고, 네가 특별히 행한 선행善行을 묻는 것이다."

아무리 생각해 보아도 내세울 만한 일이 떠오르지 않자, 그는 궁색한 변명을 늘어놓기 시작했습니다.

"염라대왕님, 저에게 죽는 날만 미리 알려주셨더라도, 뭔가 좋은 일을 많이 하고 왔을 것입니다. 그런데 이렇게 빨리 부르실 줄을 어찌 알았겠습니까?"

"요놈, 대답 한번 잘한다. 너의 귀밑머리를 희게 만들어 내 앞에 올 날이 머지않았음을 일러주었고, 궂은 날에는 허리의 통증으로, 또 얼굴에 깊어지는 주름살로, 나의 소식을 전하지 않았더냐? 그리고 각종 병을 통하여 죽음을 통고해 주었거늘!"

### 병의 성품은 공空

병은 염라대왕의 소식입니다. '잘 살다 오라'는 염라대왕의 소식이므로 병이 찾아왔을 때는 결코 포기하지 말고 삶의 의욕을 불러일으켜야 합니다. 실로 큰 병이 걸린 사람도 삶의 의미, 살아있어야 할 까닭이 분명하면 병을 이길 수 있습니다.

❖

김천에 살았던 배덕운성보살은 부잣집 외동아들인 남편이 평생을 돈 쓰는 재미로 살면서 물려받은 재산은 물론 처갓집 재산까지 모두 탕진하고 죽었으므로, 셋방살이를 하며 힘들게 두 딸과 한 아들을 키웠습니다. 그런데 그녀의 두 딸이 결혼을 하고 아들이 중앙대 전자공학과 2학년에 재학하여 고생이 끝나갈 즈음, 말기 자궁암에 걸렸습니다.

"석 달 정도 살 수 있습니다. 주변 정리를 하시지요."

지금은 자궁암을 심각하게 생각하지 않지만 1970년대만 하여도 말기 자궁암은 반드시 죽는 병이었기에, 덕운성보살에게는 대구 동산병원 의사의 말이 그야말로 청천벽력이었습니다. 그동안 아이들 키우며 힘들게 사느라고, 아픔이 올 때마다 '낫겠지 낫겠지' 하며 진찰을 미룬 것이 화근이었습니다.

덕운성보살은 서울로 시집을 간 큰 딸과 함께 세브란스 병원으로 가서 또 진찰을 받았습니다.

"석 달은 너무 성급한 진단입니다. 그러나 6개월은 보장이 안 됩니다."

그녀는 의사를 붙들고 사정을 하였습니다.

"저를 2년만 더 살려주십시오."

"왜 2년을 더 살고자 하십니까?"

"제 아들이 대학 2학년입니다. 그 아이 졸업 때까지만 살게 해주십시오."

의사는 고개를 저었습니다. 답답한 마음을 안고 김천으로 내려온 그녀가 매달릴 곳은 없었습니다. 오직 하나, 관세음보살뿐이었습니다.

기도비가 없었던 그녀는 집에서 백일기도를 시작했습니다. 아침저녁은 물론이요 틈만 나면 '관세음보살'을 불렀습니다. 그런데 백일기도 마지막 날 새벽에 꿈을 꾸었습니다.

그녀는 청암사 극락암에 모셔진 42수관음상 앞에서 끝도 없이 절을 하고 있었습니다. 그때 갑자기 백발의 노스님 한 분이 나타나 약 세 봉지를 주셨습니다. 엉겁결에 그녀는 무릎으로 기어가 약봉지를 받았으나, 어떻게 해야 할지를 몰라 쩔쩔매고 있었습니다.

"먹어라."

"물이 없습니다."

그러자 노스님은 다기물을 손바닥에 부어주었고, 그 물로 한 봉지를 먹고 나자 또 물을 부어주셨습니다.

'또 먹어라.'

1. 병고를 양약으로 삼아

'마저 먹어라.'

이렇게 세 봉지의 약을 먹고 나자 약 냄새가 거슬렸고, 자신도 모르게 몸서리를 치다가 꿈에서 깨어났습니다. 꿈을 깨고 나서도 그 약 냄새는 그녀의 몸과 집안에 진동을 하였습니다.

이 일이 있고 말기 자궁암이 완전히 나아 아들의 대학 졸업을 지켜보았을 뿐 아니라, 그 뒤 아흔을 넘길 때까지 건강하게 살았습니다. 2년이 아니라, 30년도 더 산 것입니다.

8

덕운성보살은 아들 공부가 끝날 때까지는 살아야겠다는 마음으로 기도했습니다. '어머니로서의 도리를 다하겠다'는 생각에 포기를 하지 않고 기도를 한 것입니다. 이렇게 병에 걸린 사람에게 살아야 할 까닭이 분명하고, 살겠다는 의지가 확고하면 병은 쉽사리 명을 끊지 못합니다.

같은 병에 걸려도 어떤 사람은 죽고 어떤 사람은 사는 까닭이 바로 여기에 있습니다. 물론 병 자체에 홀로 존재할 수 있는 칼날 같은 주체가 있는 것이라면, 인간의 의지와 삶의 의미가 아무리 강할지라도 병을 이길 수 없습니다. 그러나 병이 무엇입니까?

인연따라 찾아든 것입니다. 병 자체는 고유한 성품을 지닌 것이 아닙니다. 병의 씨(因)를 심은 것도 나요, 병이 자라는 환경(緣)을 만든 것도 나요, 병을 가꾼 것(業)도 나요, 병환(果)을 앓는 것도 나입니다. 그렇다면 무엇이 문제입니까? 고유한 실체가 없는 병을 원망할 것입니까?

아닙니다. 병은 본래 빈 것입니다. 다스릴 것은 병이 아니라 바로 '나'입니다, 그러므로 병이 찾아들면 병을 겸허하게 받아들여 나를 다스려야 합니다. 무아無我! 그야말로 나를 무아로 만들어야 합니다. 무아가 되면 모든 병이 사라지기 때문입니다.

"병의 인연을 살펴 병의 성품이 공한 것을 알면 병이 나를 어지럽히지 못하나니, 그러므로 대성인이 '병고로써 양약을 삼으라' 하셨느니라."

이 「보왕삼매론」의 가르침도 무아에 있습니다. 나의 교만(我慢), 나에 대한 사랑(我愛), 나의 고집(我見), 나의 어리석음(我癡)을 비우라는 것입니다.

꼭 명심하십시오. '나'가 비면 병도 또한 공해집니다. 나가 있기 때문에 그 나에 병이 와서 붙는 것이요, 나가 없어져 버리면 나를 인연처로 삼아 찾아든 병 또한 사라집니다. '기도로 병이 낫는' 원리도 바로 이것입니다.

정녕 기도는 매달리는 것입니다. 되게 해 달라고, 이루어지게 해 달라고 매달리는 것입니다. 특히 병기도는 매달림이 심합니다. '나를 살려달라'고 매달립니다. '나! 나'를 살려달라는 것입니다.

 이렇게 병기도는 '나'에게서 시작됩니다. 그런데 나에게서 시작된 병기도가 어떻게 나로 말미암아 생겨난 병을 낫게 할 수 있는가? 지극히, 간절히 매달리다 보면 홀연히 나를 잊게 되기 때문입니다.

 '나'를 잊어 무아가 되면 불보살과 하나가 되고, 바로 그때 중생제도의 원력을 세운 불보살님의 가피가 찾아듭니다. 영원 생명·무한 행복 그 자체인 불보살님과 내가, 무아를 통하여 하나가 되는 것입니다. 따라서 병 기도를 통하여 차 한 잔 마실 시간이라도 삼매를 이루면 비로소 무아가 되고, 무아가 되면 반드시 가피를 입게 됩니다.

 병고病苦 속의 불자들이여. 병이 찾아들면 병을 두려워하지 마십시오. 바로 그 병이 좋은 약입니다. 병든 이때가 바로 향상向上의 시기인 것입니다.

 실로 나 스스로의 힘으로 생겨난 병을 치료할 수 있다면 문제가 아니지만, 나의 힘으로 안 되면 마땅히 의사와 약의 힘을 빌려야 합니다. 그런데 나의 힘으로도 의사의 힘으로도 해결할 수 없을 때에는 어떻게 해야 합니까?

 우리는 불자이므로 불보살님께 매달려야 합니다. 하지만 적당히 매달려서는 안 됩니다. 매달리고 또 매달려 '나'를 잊는 삼매에 이를 때까지 매달려야 합니다.

불보살님은 우리에게 돈도 헌신도 복종도 요구하지 않습니다. 오직 '나'에서 비롯된 병이니 나를 잊을 때까지 기도하는 그 정성만을 요구합니다.

병고로써 양약을 삼아 향상된 길로 나아갑시다. 대자대비하신 불보살님, 그리고 법계에 가득 차 있는 영원한 생명력이 언제나 우리와 함께하고 있다는 것을 명심하면서…

### 감로병과 감로수

이제 나의 몸인 감로병甘露甁과 마음인 감로수甘露水에 대해 살펴보면서 한 가지 청을 드리고자 합니다.

사람들, 특히 나이가 많은 분들은 늘 강조합니다.

"건강이 최고다. 건강만 해라."

"다 필요 없다. 안 아프면 된다."

그렇습니다. 건강이 최고입니다. 건강이 무너지면 근심 걱정이 커지고, 제대로 할 수 있는 것이 없기 때문입니다. 하지만 이 몸보다, 이 몸의 건강보다 더 중요한 것이 있습니다.

그것은 마음의 건강입니다. 마음이 건강해야 우리의 몸을 망치는 탐욕(貪)과 분노(嗔)와 어리석음(癡)의 세 가지 독(三毒)을 넘어설 수 있고, 스트레스를 없앨 수 있고, 불필요한 근심 걱정을 벗어날 수 있습니다.

불필요한 근심 걱정이 없고, 스트레스가 없고, 탐욕과 분노와 어리석음을 벗어난 건강한 마음을 갖고 있어야, 몸이 건강해질 수 있고 행복해질 수 있고 평화로워질 수 있습니다. 한마디로 마음이 건강해야 몸이 건강할 수 있습니다.

이렇게 보면 무엇이 먼저입니까? 몸의 건강입니까? 마음의 건강입니까? 당연히 마음의 건강입니다. 그러므로 감로병인 몸 건강에만 너무 집착하지 말고, 감로수인 마음 건강에 주력해야 합니다.

감로병 속에 감로수가 아닌 썩은 물이나 오염된 물이 담겨 있다면, 그 병을 어찌 감로병이라 이름할 수 있겠습니까? 감로병은 감로수를 담고 있을 때라야 감로병이 될 수 있습니다. 병瓶인 이 몸을 아무리 아름답게 가꿀지라도 감로수가 들어 있지 않으면 감로병이 아닙니다. 그러므로 몸의 건강에 앞서 마음의 건강을 늘 먼저 챙겨야 합니다.

하지만, 감로병인 몸에 구멍이 나거나 금이 가거나 한쪽이 깨어지게 하여서는 안 됩니다. 감로수가 담겨 있을 수 없기 때문입니다.

그러므로 마음 감로수를 중요시하면서 몸인 감로병을 돌보아야 하고, 깨어지지 않도록 조심해야 합니다. 그래야만 마음과 몸이 함께 건강한, 진짜 행복한 사람이 될 수 있습니다.

물론 물질인 감로병은 언젠가는 깨어지게 되어 있습니다. 이 몸은 늙고 병들고 죽게 되어 있습니다. 다행히 의술이 발달한 요즘은 늙음과 죽음을 늦추어주고, 병도 예방해주고 있습니다.

그러므로 활력을 잃지 않게 몸을 가꾸고, 아프면 병원을 찾고, 건강검진을 미리 잘 받아 고혈압·당뇨·암 등 힘들고 갑작스럽게 불행을 안겨다주는 병들을 예방하면서, 이기심과 자존심과 탐욕을 놓고 분노를 떠나보내며 맑고 밝은 마음으로 지내면, 내 몸과 내 마음은 물론이요 내 주변과 세상까지도 그지없이 건강해집니다. 자비심으로 보시하고 용서하고 이해하며 살면 정말 세상이 아름다워집니다.

나는 절대 손해 보지 않겠다는 내 이기심, 내 몸 하나 잘 지키고 잘 가꾸며 살겠다는 내 욕심이 나의 감로병을 그릇되게 만든다는 것을 잊지 마십시오.

감로수, 나를 살려내고 모든 것을 살려내는 감로수를 잘 지녀야 내 몸은 감로병이 된다는 것! 이것 하나만은 꼭 기억하고 새겨주시기를 두 손 모아 청하옵니다.

부디 몸에만 집착하고 몸만 돌보는 데 빠지지 말고, 몸과 마음을 함께 살펴서, 향상과 깨달음과 행복이 가득한 감로의 삶을 이루시기를 깊이깊이 축원 드립니다.

나무마하반야바라밀.

## 2. 고난은 해탈의 원동력

세상살이에 고난 없기를 바라지 말라.
세상살이에 고난이 없으면
반드시 교만과 뽐내는 마음이 생겨나고
교만과 뽐내는 마음이 일어나면 반드시
일체를 속이고 억압하려 하느니라.
고난의 경계를 잘 살펴
고난이 본래 헛된 것임을 체득하면
고난이 어찌 나를 상하게 하랴.
그러므로 대성인이
'환란으로써 해탈을 삼으라' 하셨느니라.

처세불구무난
處世不求無難
세무난즉
世無難則
교사필기
驕奢必起
교사기필
驕奢起必
기압일체
欺壓一切
요난경계
了難境界
체난본망
體難本妄
난역해상
難亦奚傷
시고대성화인
是故大聖化人
이환란위해탈
以患難爲解脫

### 고난 없는 존재는 없다

이 글의 주제인 난難은 '어려움·곤란困難·고난苦難' 등으로 번역할 수 있으며, 이 세 가지는 비슷한 뜻을 가지고 있지만, 여기에서는 가장 포괄적인 의미를 지닌 '고난'으로 통일을 하여 풀이하겠습니다.

인간은 누구나 행복하게 살기를 원합니다. 고통 없이 편안하게, 괴로움 없이 즐겁게, 부족함 없이 풍족하게, 그리고 뜻과 같이 모든 것을 이루며 살기를 원합니다.

하지만 우리가 살고 있는 세상은 사바娑婆입니다. 삶의 무대가 편치 않은 사바세계인 것입니다.

사바! 이 사바는 잡된 것으로 얽히고설켜 있는 '회잡會雜'의 세계요, 참지 않고서는 살아갈 수 없는 '감인堪忍'의 세계라는 뜻입니다.

바로 이러한 세상에 우리는 인연 따라 태어났습니다. 따라서 태어나 죽을 때까지 우리는 갖가지 고난을 겪어야 하고, 그 고난들을 극복하며 살아야 합니다. 왜냐하면 이것이 사바 중생의 숙명이기 때문입니다.

잡된 인연의 그물 속에 갇혀 있는 사바의 중생은 도무지 마음같이 살지를 못합니다. 시시각각으로 다가서는 뜻밖의 고난들을 맞이하며 살아야 합니다. 그야말로 참을성 없이, 마음대로는 결코 살아갈 수 없는 존재가 '우리'인 것입니다.

그래서 부처님께서는 세상살이를 고苦로 풀었습니다. 인간이면 누구나 삼고三苦와 팔고八苦를 벗어날 수 없다고 하셨습니다.

① 태어나는 괴로움〔生苦〕
② 늙는 괴로움〔老苦〕
③ 병드는 괴로움〔病苦〕
④ 죽는 괴로움〔死苦〕
⑤ 미운 이와 만나는 괴로움〔怨憎會苦〕
⑥ 사랑하는 이와 헤어지는 괴로움〔愛別離苦〕
⑦ 구하는 것을 얻지 못하는 괴로움〔求不得苦〕
⑧ 번뇌가 치성하는 이 삶 자체의 괴로움〔五陰盛苦〕

이상의 팔고와 함께, 근원적 괴로움인 삼고三苦는 고고苦苦·괴고壞苦·행고行苦의 셋으로 분류됩니다.

① **고고**苦苦는 육체적인 고통 때문에 생기는 괴로움입니다. 춥고 덥고 배고프고 목이 마르고 아픈 경우 등, 몸이 저절로 느끼는 괴로움입니다. 바로 '몸이 괴로우니까 괴롭다'고 하는 것이 고고입니다.

② **괴고**壞苦는 '나'의 몸이 아니라, '나'의 환경이나 신분의 변화 때문에 생기는 괴로움입니다. 사업이 망하거나, 높은 자리에 있던 사람이 쫓겨나거나, 의지하고 사랑하던 사람이 죽는 등의 변화로 인해 순경順境에서 역경逆境으로 전락할 때 받는 괴로움입니다.

③ **행고**行苦는 당연하게 괴롭다고 느끼는 고고나 괴고와는 약간 다릅니다. 행고의 행行은 '변천하며 흐른다'는 뜻을 지닌 단어로, 이 세상의 모든 것은 변화무상하게 흘러가는 것이기 때문에 근원적으로 괴로움을 간직하고 있다는 것입니다.

사실 이 세상의 모든 것은 잠시도 가만히 있지를 않습니다. 모든 것은 끊임없이 변화하고 있으며, 모든 것 속에서 사는 우리 인간 또한 쉼 없이 흘러갑니다. 태어난 사람은 반드시 죽어야 하고, 젊은 사람은 반드시 늙어야 합니다.

'나'를 비롯한 모든 것은 끊임없이 변화하고 언젠가는 사라지게끔 되어 있습니다. 그야말로 제행諸行은 무상無常한 것이요, 이와 같은 세상에 사는 우리 또한 흘러 변화하게끔 되어 있습니다. 그래서 행고行苦라 하는 것입니다.

이 팔고와 삼고를 겪지 않는 중생은 없습니다. 누구나가 이러한 고통을 받으며 살아야 합니다.

뿐만이 아닙니다. 세상살이에는 뜻하지 않은 고난도 많습니다. 흔히들 말하는 배고픔·목마름·추위·더위·물·불·칼·병란 등의 팔난八難이 그것입니다.

우리는 이러한 고난 자체를 싫어합니다. '나'에게만은 고난이 미치지 않기를 희망합니다.

하긴, 누가 병들고 늙고 죽기를 좋아하고, 미운 사람과 만나는 것을 기뻐하며 사랑하는 이와 헤어지는 것을 즐기겠습니까? 누가 고고와 괴고와 행고에 빠지기를 원하겠으며, 뜻하지 않은 재난에 휘말리기를 좋아하겠습니까?

원하는 대로 얻고 어려움 없이 쉽게 살기를, 크게 누리지는 못할지라도 부족함 없이 만족하며 살기를 바라는 것은 인지상정人之常情입니다. 고난을 피할 수만 있다면 당연히 피해가야 합니다.

그러나 고난과 시련들은 끊임없이 찾아듭니다. 큰 바다의 파도처럼, 겨울철의 찬바람처럼 문득 우리를 찾아와 방황하게 하고 온몸을 떨게 합니다. 우리가 피해 가는 것보다 더 빨리 다가오고 앞질러 가서 고난을 던져주는 경우가 많습니다. 이렇기 때문에 갑자기 고난이 닥쳐왔을 때 준비가 되어 있지 않은 우리가 취할 수 있는 운신運身의 폭, 선택의 폭은 너무나 좁습니다.

과연 고난이 닥쳤을 때 우리는 어떻게 해야 할까요? 무엇보다 먼저 고난이 '나'에게만 찾아오는 것이 아니라는 것을 알고, 찾아온 고난을 긍정해야 합니다. 그리고 이제까지의 '고난 없기를' 바랐던 마음부터 바꾸어야 합니다.

"세상살이에 고난 없기를 바라지 말라."

「보왕삼매론」의 이 말씀이 바로 고난 극복의 첫걸음인

것입니다. 주위를 둘러보십시오. 이 세상을 둘러보십시오. 세상에 고난 없이 사는 이가 어디에 있습니까? 마음대로 하고 사는 이가 어디에 있습니까?

### 고난, 어떤 자세로 받아들일 것인가?

우리가 '남'에게 관심이 없고, '남'이 '나'에게 자신의 고난을 말하지 않아 모를 뿐, 고난 없이 사는 이는 아무도 없습니다. 그토록 지혜롭고 복이 많다는 부처님도 아홉 가지 고난인 구난九難(구뇌九惱·구횡九橫이라고도 함)을 치러야 했습니다.

① 성도 전의 6년 고행苦行
② 음녀 손타리孫陀利의 죽음으로 잠시 비난을 받음
③ 바라문의 여인이 가짜 임신으로 부처님을 비방함
④ 제바달다에 의해 발가락을 다침
⑤ 튀어나온 나무토막에 발을 찔림
⑥ 유리왕이 석가족을 죽일 때 크게 두통을 앓음
⑦ 여름 세 달 동안 말먹이 보리를 먹으면서 지냄
⑧ 찬바람으로 인해 등병을 앓음
⑨ 바라문 마을에서 걸식하였으나 음식을 얻지 못함

부처님께서는 이 구난의 원인이 된 전생의 죄업들에 대해 들려주실 때마다 늘 말씀하셨습니다.

"악업에는 언제나 나쁜 과보가 따르고
선업에는 언제나 좋은 과보가 따른다.
누구를 탓하며 누구를 원망하랴."

전생에 심은 고난의 씨를 꿰뚫어 보고 계신 부처님께서는 고난을 긍정적으로 받아들였고, 이 구난 속에서 조금도 고통을 느끼지 않았습니다. 예를 들어 말이 먹는 말먹이 보리를 세 달 동안 먹었을 때, 외형적으로는 한없이 거친 말먹이 보리였으나, 부처님의 입에만 들어가면 최상의 맛인 선열미 禪悅味로 바뀌었다고 합니다.

실로 고난 극복의 핵심은 '고난을 어떻게 대처하느냐'에 있습니다. 비록 부처님처럼 전생에 심은 고난의 원인은 모를지라도, 고난이 찾아들면 고난을 긍정하는 자세부터 가져야 합니다. 원망도 하지 말고 남의 탓도 하지 말고, 업을 녹이는 자세로 정성껏 임해야 합니다.

'부처님께도 찾아들고 부처님께서도 기꺼이 받으신 고난이거늘, 허물이 가득한 내가 어찌 피하려고만 하리. 지금 이 자리는 과거의 죄업을 녹이고 행복의 씨를 심는 전환점이다. 기꺼이 받아 지난날의 업을 녹이고, 잘못을 참회하며 행복의 밭을 가꾸리라.'

이렇게 긍정적인 자세로 임할 때 고난은 스스로 고개를 숙이고, 고난은 나를 비껴갑니다.

**행복할 때 교만을 경계하라**

그런데 세상살이에 있어 더 큰 문제는 고난이 아닙니다. 오히려 '고난 없음'이 더 큰 병을 낳습니다. 그 병이 무엇입니까? 바로 교만입니다. 「보왕삼매론」은 이렇게 말합니다.

"세상살이에 고난이 없으면 반드시 교만과 뽐내는 마음이 생겨나고 교만과 뽐내는 마음이 일어나면 반드시 일체를 속이고 억압하려 하느니라."

실로 대부분의 사람들은 이 사바세계에서 고난 없이 어려움 없이, 쉽고 행복하고 편하게만 살아가려고 합니다. 심지어는 '나만 행복하고 내 가족만 행복하면 된다'는 사람까지 허다합니다. 그들은 나와 내 가족의 행복을 위해 탐하고 빼앗고 속이고 싸우고, 심지어는 목숨까지 겁니다.

그렇게 하여 부자가 되고 권력과 명예를 얻고 나면 한없는 교만에 빠집니다. 그리고 진정한 인격이 형성되지 않았기에 호화주택에 비싼 차, 비싼 옷으로 자신을 치장하고 나타내려고 합니다. 그야말로 교만과 사치와 자랑으로 자신을 무장하는 것입니다.

뿐만이 아닙니다. 교만으로 자신을 무장하고 나면 남에게 지고는 못 삽니다. 자신이 남보다 못한 것을 견딜 수 없어하기 때문에, 나보다 강한 이를 만나면 속이고, 나보다 못한 이를 만나면 억압을 하는 것입니다.

이렇게 교만 속에서 나쁜 업만 쌓고 살아가면 결과가 어떻게 되겠습니까? 그야말로 비방을 받는 외톨이가 되어버립니다. 정녕 대인관계에 있어 교만한 이를 누가 좋아합니까? 자기 자랑만 늘어놓는 이를 누가 좋아합니까? 교만과 자랑은 자기 고립과 멸망의 첫걸음일 뿐이며, 마침내는 자신을 파멸시킵니다.

'내가 잘났다'는 교만. 제 잘난 맛에 사는 교만.

그러나 곰곰이 생각해 보십시오. 진정 나의 잘난 면이 무엇입니까? 인물이 좋다고, 권력이 있다고, 돈이 많다고, 학식이 있다고 잘난 것입니까?

여기서 잠깐 육체와 정신으로 이루어진 이 '나'를 다시 한번 생각해 봅시다.

'나'의 이 몸뚱이는 물질에 불과합니다. 물질이 차츰 낡아 부서지듯이, 아무리 잘생기고 튼튼한 몸뚱이도 별수가 없습니다. 만리장성을 쌓고 병마총을 만든 진시황제도 한 줌의 흙으로 바뀌었고, 천하를 호령했던 제왕들도 마침내 죽어 염라대왕 앞으로 갔습니다. 이처럼 세월이 흐르면 물질은 사라지기 마련입니다.

'나'의 정신 또한 다를 바가 없습니다. 아무리 정신력이 뛰어난 이라고 할지라도 변천하는 생각을 멈추게 할 수 없습니다. 한 생각이 일어나서는 잠시 머물다가 달라지고 사라져 버리는 '생주이멸生住異滅의 흐름'이 계속 반복되고 있는 것입니다.

이러한 육체와 정신으로 구성된 '나'는 끊임없이 변하다가 사라집니다. 그야말로 무상하고 허망하기 짝이 없는 존재가 나입니다. 그런데 인물이 잘났다고, 권력이 있다고, 돈이 많다고, 학식이 풍부하다고, 이 무상한 나를 대단한 것인 양 내세우고 있으면 어떻게 되겠습니까?

복이 나갑니다. 나를 지켜주던 선신善神이 떠나갑니다. 마魔가 들어오고 나쁜 일들이 찾아듭니다. 이렇게 되면 약간의 고난만 찾아와도 견디지를 못합니다. 자연 번뇌에 휩싸이게 되고, 몸과 마음 모두가 힘들어집니다.

정녕 교만은 바른길[正道]을 무너뜨립니다. 정도의 길을 따라 향상하고 있던 자리에서 갑자기 후퇴를 하게 만듭니다. 무엇보다도 강하게, 향상을 하던 자리에서 물러나게 만들어 버립니다. 그래서 부처님께서는 말씀하셨습니다.

"교만이야말로 인생살이와 수행의 좀이다. 바른 뜻을 지켜 교만하지 말라."

그리고 부처님께서는 제자들의 교만을 없애기 위해 탁발의 법을 정하셨습니다. 탁발托鉢! 탁발은 걸식乞食입니다. 먹을 것을 얻으러 다니는 구걸 행위입니다. 임금의 자리까지 마다하신 부처님께서 직접 바리때를 들고 걸식을 하신 까닭이 무엇이겠습니까?

정녕 교만을 버리면 하심下心(겸손한 마음가짐)이 이루어지고, 하심이 이루어지면 남과의 대립관계가 저절로 사라지며, 대립관계가 사라지면 이기적인 업을 짓지 않게 되고, 이기적인 업을 짓지 않으면 불행은 저절로 자취를 감춥니다.

다시 한번 긍정적인 측면으로 정리해 보겠습니다.

교만심을 버리면 남과 함께할 수 있는 사람이 되고, 남과 함께하고자 하면 진실로 남을 위해 봉사할 수 있는 마음을 낼 수 있게 되며, 참된 봉사를 하면 마음이 저절로 평화로워지고, 마음이 평화로워지면 나를 대하는 모든 사람의 마음도 편안해집니다.

이렇게 하여 주위의 모든 사람을 편안한 세계로 인도하면 나와 남을 함께 살리고 이롭게 하는 사람이 됩니다. 그야말로 대복전大福田, 곧 큰 복밭을 만들 수 있게 됩니다.

이 세상을 살아가는 불자들이여. 고난을 걱정하기 전에 교만부터 버립시다. 교만심은 뿌리가 매우 깊은 번뇌이기 때문에 쉽사리 파악조차 하기 어렵고 버리기도 쉽지 않습니다. 그러므로 교만으로 말미암은 그릇된 삶의 길로 들어서기 전에 스스로를 점검하여 교만심을 벗어버려야 합니다.

교만심은 아무런 실속이 없습니다. 제비가 놀부의 집에 가져다준 씨앗마냥, 심고 키우면 불행만을 안겨줍니다. 교만한 마음으로 아무리 근사한 척하고 존귀한 척하여도, 썩은 배를 물에 띄우면 푹 잠겨 버리듯, 삼악도三惡道의 바닷속으로 깊이 빠져들어 갈 뿐입니다.

부디 명심하십시오. 물은 높은 데서 아래로 흘러갑니다. 곡식은 익을수록 고개를 숙입니다. 나는 잘났고 너는 별 것 아니라는 교만심이 무너질 때 거짓이 없는 진실한 도가 저절로 나타나게 되며, 교만을 다스리는 하심을 할 때 만 가지 복이 스스로 찾아들게 된다는 것을!

### 고난 극복의 길

이제 「보왕삼매론」의 가르침에 준하여 고난극복의 길이 무엇인지를 살펴보기 전에, 한 보살님의 체험담부터 함께 음미해 보고자 합니다. 본인이 이름을 밝히기를 꺼려 하므로, 여기에서는 그냥 '반포보살님'이라 칭하겠습니다.

서울의 반포에 살고 있는 보살님은 유복한 가정에 태어났고, 여대생이 그다지 많지 않았던 1960년대 말에 명문대학을 졸업하였으며, 좋은 집안으로 시집을 갔습니다. 아이들이 장성하자 배운 것을 아깝게 여긴 그녀는 사업을 시작하였고, 사업이 나날이 번창하자 자만을 하기 시작했습니다.

'돈 버는 일이 별 것 아니구나. 그래! 나는 더 잘할 수 있어. 공부도 많이 했고 머리도 좋지 않은가. 내 능력을 한껏 발휘해 보자.'

교만한 마음이 생긴 그녀는 자기의 능력과 운을 믿고 은행 빚을 얻어 사업을 확대해 나갔습니다. 그런데 그것이 고난의 시작일 줄이야…. 한 거래업자가 고의 부도를 내고 잠적하자, 무리하게 사업을 확장했던 반포보살님 역시 부도를 면할 수 없었습니다.

가진 재산을 모두 처분하여 빚잔치를 하였지만 여전히 갚아야 할 부채는 산더미 같았고, 매일같이 찾아오는 빚쟁이들의 등쌀에 잠시도 마음 편할 날이 없었습니다.

그녀는 참으로 견디기 힘들었습니다. 자신만만했던 사업이 하루아침에 무너진 '운명'부터가 용납되지를 않았습니다. 화병으로 불면증에 걸린 그녀는 급기야 자살까지 결심하기에 이르렀습니다. 그때 잘 알고 지내던 한 스님이 권했습니다.

"보살님, 자살까지 결심하셨다면 그 마음으로 기도를 해

보십시오. 죽을 각오로 기도를 하면 해결 못 할 일이 무엇이겠습니까? 관세음보살을 외우며 기도하면 틀림없이 가피가 있을 것입니다."

절박했던 반포보살은 기도를 시작했습니다. 학창시절 입시 공부를 하듯 열심히 기도를 했습니다. 그 결과 차츰 마음이 편안해졌고 잠도 이룰 수 있었습니다. 그러나 고의 부도를 낸 이에 대한 원망하는 마음은 사라지지 않았습니다.

어느 날 문득, 보살님은 '모든 고난이 내 교만에서부터 비롯되었다'는 것을 느꼈고, 그날부터 지난날의 자기 교만을 참회하며 기도했습니다. 마침내 사업에 실패한 지 3년이 지났을 때 경찰에서 연락이 왔습니다. 고의 부도를 냈던 업자를 붙잡았다는 것이었습니다.

돈을 돌려받게 된 반포보살님은 무엇보다 먼저 남은 빚부터 청산하고, 부처님께 감사드리며 다시 사업을 시작했습니다. 그리고 매일 기도하는 것을 잊지 않았습니다. 그 뒤로 사업을 비롯한 모든 일이 잘 풀려나갔고, 지금은 매우 잘 살고 있습니다.

⁂

이 보살님은 기도성취의 비결을 다음과 같이 말했습니다.

"나의 기도성취는 참회하는 마음에서 비롯되었다고 생각합니다. 처음 기도할 때는 남을 원망하거나 신세 한탄도 많이 하였습니다. 그러나 시간이 흐르자 '도대체 왜 내가 이런 꼴로 부처님 앞에 서게 되었나'를 반성하게 되었습니다. 그리고 그동안 잘못했다 싶은 모든 일을 하나하나 참회했습니다. 특히 어려움을 모르고 부족한 것 없이 살면서 자신도 모르게 키워 왔던 나의 교만을…."

괴로움이나 어려움을 겪어 보지 않은 사람은 남의 어려움이나 괴로움을 잘 이해하지 못합니다. 그래서 자신도 모르게 교만해지고 뽐내고 자랑합니다. 하지만 이 법계의 법칙, 우리의 참된 불성은 교만한 자를 그냥 두지 않습니다.

고치라며 시련을 줍니다. 먼저 당사자에게 직접적으로 경고를 주어도 고치지 않으면 하는 일을 어렵게 만들거나, 가까운 가족에게 시련의 업보를 받게 하여 그 교만을 고쳐주는 경우도 있습니다.

고난이 무엇인지를 모르고 누구보다도 복되게 승승장구하며 살았던 반포보살님. 그것이 그녀를 교만스럽게 만들었으며, 마침내는 은행 빚을 얻어 사업을 확장하였습니다. 곧이어 타인의 고의 부도로 인해 연쇄부도를 만난 그녀는 절망의 나락으로 떨어졌고, 기도를 통하여 깨달음을 얻고 다시 일어섰습니다. 남 때문이 아니라 모든 것이 '나'의 탓이요 '나'의 교만 탓임을 깨닫고 열심히 참회기도를 하여….

바로 이것입니다. 이것이 고난을 벗어나는 비결입니다.

### 고난의 실체

"고난의 경계를 잘 살펴, 고난이 본래 헛된 것임을 체득하면, 고난이 어찌 나를 상하게 하랴. 그러므로 대성인이 '환란으로써 해탈을 삼으라' 하셨느니라."

대부분의 사람들은 고난이 닥치면 자신을 돌아보기에 앞서, 운명을 탓하고 재수를 탓하고 남의 탓을 합니다. 그러나 모든 고난은 내가 만들고 '나'에게서 비롯된 것일 뿐입니다. 내가 짓고 내가 받는 것일 뿐입니다. 모두가 나의 한 탓이요, 앞으로도 내가 할 탓일 뿐입니다.

그러므로 스스로를 돌아보고 반성하여 자기 허물을 참회하고, 자기 마음속에 흐르고 있는 잘못의 근원을 찾아 고쳐 나가야 합니다.

마음속에 흐르고 있는 잘못! 우리는 자기가 저지른 큰 잘못은 쉽게 수긍합니다. 그러나 그 밑바닥에 흐르고 있는 그릇된 마음가짐에 대해서는 등한시합니다. 무엇보다도 그것이 뚜렷이 잡히지 않기 때문입니다.

그러나 고난의 근원을 뿌리 뽑아 참으로 잘 살고 해탈하기를 원한다면, 말과 행동 이전의 생각이나 마음가짐부터 살필 줄 알아야 합니다. 내가 '나의 어리석음〔我癡〕', '나의 고집〔我見〕', '나의 교만〔我慢〕', '나의 사랑〔我愛〕'에 빠져 있지 않은지를 되돌아보고 반성할 줄 알아야 합니다.

과연 인간은 무엇 때문에 근심하고 무엇 때문에 고통스러워합니까? 앞에서 예를 든 것과 같이 삼고三苦·팔고八苦와 팔난八難 때문에 근심하고 고통스러워 합니다.

그러나 이 고통의 원인을 한마디로 축약하면 '사람과 물질' 때문이요, 더 축약하면 '나' 때문입니다. '내 사람'과 '내 물질' 때문에 근심하고 괴로워하는 것입니다. 이것을 우리는 고난이라고 합니다. 곧 고난의 실체는 나인 것입니다.

그런데 그 '나'가 무엇입니까? 나의 물질, 내 사람이 무엇입니까? 물질은 원래 나의 것이 없고, 사람 또한 영원한 내 사람이 없습니다. 나의 어리석음으로, 나의 고집으로, 나의 교만으로, 나의 사랑으로, '나의 것'이라고 하는 것일 뿐입니다.

『금강경』의 말씀 그대로, '범소유상凡所有相 개시허망皆是虛妄'입니다. 무릇 있는바 상相은 다 허망할 뿐입니다.

이것이 실체입니다. 이 실체를 알 때, 내가 고집하고 있는 지금의 '나'가 허망한 것임을 알 때, 나 때문에 생겨난 고난들은 스스로 꼬리를 내리고, 우리는 새롭게 깨어나 깨달음의 자리로 올라갑니다. 실로 고난의 근본 원인인 '나'가 허망한데 고난이 어디에 붙을 수 있으며, 그 고난이 어떻게 나를 상하게 할 수 있겠습니까?

이제 우리에게 남은 과제는 닥쳐온 고난을 통하여 새롭게 깨어나는 것입니다. 고난을 통하여 향상의 길을 걷고, 고난을 통하여 해탈의 세계로 나아가는 것입니다.

"환란으로써 해탈을 삼으라."

환란은 근심과 고난입니다. 근심과 고난이 생기면 이것을 디딤돌로 삼아 해탈의 길로 나아가라는 가르침입니다. 이 가르침을 잘 명심하여 사바세계를 살아가면 사바가 싫지 않은 세상으로 바뀝니다.

실로 고난과 근심으로 가득한 사바! 그러나 우리는 이러한 세계에 살고 있기 때문에 해탈의 경지로 오히려 쉽게 접근할 수 있습니다. 고난과 근심의 결박을 분명히 느낄 수 있는 사바세계이기에 해탈과 깨달음을 갈구하는 것입니다.

참으로 인간에게는 근심걱정과 고난이 찾아드는 그 시절이 향상의 시기입니다. 나의 스승이신 경봉鏡峰스님께서는 늘 말씀하셨습니다.

"우리 인간을 비롯하여 날짐승·길짐승 등의 모든 중생은 자기가 지은 업대로 살게끔 되어 있다. 그런데 짐승들은 업을 받기만 하지만, 사람은 업을 받는 것과 동시에 새롭게 개척해 가는 능력이 있다. 새는 더워도 깃털을 감싸고 살아야 하지만, 사람은 더우면 옷을 벗어 버릴 수가 있다. 비록 모든 인간이 자기의 잘못으로 인해 고난을 당하고 걱정 근심 속에서 살고 있지만, 한 생각 돌이킬 줄 아는 이 또한 인간이다.
 그러므로 지금의 고통을 자세히 관찰하면서 한 생각 돌이켜 볼 줄 알아야 한다. 마음을 비우고 한 생각을 돌이켜 지은 업을 기꺼이 받겠다고 할 때, 모든 업은 저절로 녹아내리고 해탈이 찾아드는 것이다."

 결코 고난을 두려워하지 마십시오. 고난이 바로 해탈의 원동력입니다.
 행복을 얻기에만 사로잡혀 있는 사람들은 고난이 다가오면 쉽게도 '불행하다' 생각하고, 불행한 감정 속으로 빠져들어 갑니다. 그래서 스스로를 불행하게 만듭니다. 하지만 빨려 들어가면 안 됩니다. '불행하다' 생각해서도 안 됩니다. 고난이 찾아들면 고난을 적극적으로 받아들이십시오.

 '이 정도는 괜찮아. 나는 얼마든지 넘어설 수 있어.'
 '고난을 벗어나고자 하는 것은 진정한 해결책이 아니다. 받아들일 것은 받아들이고, 어느 정도로 만족해야 할 것은 스스로 긍정하면서 헤쳐나가야 한다.'
 '우리에게는 부처님이 계시지 않은가! 이 고난을 부처님께 바치리라. 대자대비한 부처님께서는 틀림없이 평안과

행복을 주신다.'
 '그래, 난 능히 극복할 수 있어. 불보살님이 도와주고 계시잖아. 불보살님께 맡길 거야.'

 이렇게 다짐하며 고난의 원인을 살피고, 참회하고 하심下心하며 공부를 시작하십시오. 교만을 버리고 하심을 하면 어느 곳에서나 배울 것이 있습니다. 기억할 수 있는 잘못이든 기억 못 하는 잘못이든 무조건 참회를 하면, 나의 불성이 나에게 많은 것을 가르쳐줍니다.
 기도·염불·참선·주력·독경·사경! '나'를 일깨우고 삼매를 이루는 공부라면 그 무엇이라도 좋습니다. 고난을 발판 삼아 한 가지를 택하여 꾸준히 닦아 가면, 거울 위의 티끌이 차츰 사라져 일체의 고난을 해탈할 수 있게 되고, 마침내는 참된 나의 모습을 또렷이 볼 수 있는 깨달음의 자리로 올라가게 됩니다. 부디 그날까지 꾸준히 정진하며 힘차게 살아가시기 바랍니다.
 나무마하반야바라밀.

## 3. 마음공부와 장애

마음공부에 장애 없기를 바라지 말라.
마음공부에 장애가 없으면
배움이 등급을 뛰어넘게 되고
배움이 등급을 뛰어넘으면 반드시
얻지 못하고서도 '얻었다'고 하느니라.
이 장애에 뿌리가 없다는 것을 이해하면
장애가 스스로 고요하여져서
장애에 걸릴 것이 없어지나니
그러므로 대성인이
'장애 속을 자유로이 거닐어라' 하셨느니라.

구심불구무장
究心不求無障
심무장즉
心無障則
소학렵등
所學躐等
학렵등필
學躐等必
미득위득
未得謂得
해장무근
解障無根
즉장자적
卽障自寂
장불위애
障不爲礙
시고대성화인
是故大聖化人
이장애위소요
以障礙爲逍遙

### 무엇이 장애인가

원문의 구심究心은 '마음을 궁구窮究하다', '마음을 끝까지 연구하다'로 풀이할 수 있으므로, 여기에서는 '마음공부'라

58 생활 속의 보왕삼매론

는 단어로 통일하여 이야기하겠습니다.

마음! 불교에서는, "한마음 미迷하면 중생이요 한마음 깨치면[覺] 부처"임을 강조합니다. 또한 불교의 모든 공부는 하나같이 마음공부로 모아집니다. 염불·참선·기도·독경·사경 등이 모두 '나'의 참된 마음을 개발하기 위한 공부라는 것입니다.

이 공부는 기술을 익히는 공부도, 지식을 습득하는 공부도, 자격증을 주는 공부도 아닙니다. 오직 '나'의 마음을 다스려 최상의 행복을 이루는 공부입니다.

이 마음공부는 결코 쉽지가 않습니다. 항상 함께하면서도 보이지도 들리지도 느껴지지도 않는 것이 마음이기에, 마음공부는 쉬운 듯하면서도 쉽게 이루어지지가 않습니다.

더욱이 이 마음공부는 겉모습이 아니라 내면을 돌아보는 공부입니다. 밖에 있는 보배가 아니라 안에 있는 보배를 찾는 공부입니다. 곧 마음공부는 '근원으로 돌아가는 공부'입니다. 번뇌 이전, 고난 이전, 업장 이전으로 돌아가는 공부입니다.

근원으로 돌아가면 마음이 편안해지고, 마음이 편안하면 삶이 편안해지고, 삶이 편안하면 주위가 편안해지고, 나아가 일체가 편안해집니다. 그야말로 장애 없고 걸림 없이, 편안함과 행복함과 자유와 청정을 누리며 잘 살기 위해 마음공부를 하는 것입니다.

정녕 잘 살고 싶으면, 참된 향상의 길을 걷고 싶으면 마음공부를 해야 합니다. 모든 보배로움이 완벽하게 갖추어진 진정한 행복 속에서 살고자 한다면, 자신의 마음자리를 찾는 마음공부를 해야 합니다.

그럼 불교에서 가르치는 마음공부에는 어떠한 것이 있는가? 다 알고 있듯이, 참선·염불·독경·사경·주력呪力·기도·관법·인욕행·두타행頭陀行·자비행의 실천 등 여러 가지가 있습니다.

그런데 이들 가운데 하나를 택하여 마음공부를 시작해보면, 뜻밖에도 잘되지가 않습니다. 갖가지 장애가 찾아들기 때문입니다.

마음공부를 방해하는 장애! 그 장애는 크게 세 가지로 나누어집니다. 산란한 **번뇌**煩惱와 공부에 대한 **의심**疑心과 **혼수**惛睡가 그것입니다.

먼저 **번뇌**부터 살펴봅시다.

참선·염불 등의 마음공부를 해보면 처음 몇 분 동안은 잘되는 듯 느껴지지만, 얼마 지나지 않아 번뇌가 불쑥불쑥 일어납니다. 홀연히 일어난 이 번뇌가 처음에는 화두나 불보살님의 명호와 함께 공존하지만, 우리가 관심을 기울여주면 그 관심만큼 자리를 굳게 잡아갑니다. 그리하여 심하면 화두나 불보살의 명호를 팽개친 채 번뇌망상에 사로잡혀 버립니다.

독경을 할 때 또한 마찬가지입니다. 열심히 불경을 읽다가 자신도 모르게 침범하는 번뇌망상에 이끌리다 보면, 눈이나 입으로는 불경을 읽으면서도 내용을 전혀 파악하지 못하는 경우가 많습니다.

그런데 이와 같은 번뇌를 극복하지 못하여 공부에 재미를 잃게 되면 서서히 **의심**이 고개를 들기 시작합니다.

'내가 이 공부를 하여 과연 해탈할 수 있을까?'

'큰스님들은 참선이 최고라 하시고, 경전을 많이 보아 아는 것이 많아지면 마음공부 하기가 더 힘들어진다고 하던데 어떻게 하지?'

'지금 하는 참선보다는 기도를 먼저 해서 불보살님의 가피를 입은 다음에 참선을 하는 것이 좋지 않을까?'

'극락을 갈 수 있다고 하여 염불을 시작하기는 하였는데, 과연 극락이 있기나 한 것일까?'

이렇게 현재 하고 있는 스스로의 공부에 대해 의심을 일으키게 되면, 그 의심이 더욱 짙은 번뇌망상의 먹구름을 불러모아 태양을 완전히 가리워 버립니다. 결국 나약함 속에서 의심을 불러일으켜 방황과 혼돈 속으로 빠져들어 가는 것입니다.

이것을 불교용어로는 **혼수**惛睡라고 합니다. 혼침惛沈과 수면睡眠을 합하여 만든 단어가 '혼수'인 것입니다. 불교 집안에서는 마음공부 하는 사람이 가장 경계할 것으로 이 혼수를 꼽습니다.

마음공부 하는 사람이 번뇌와 의심으로 중심을 잃게 되면, 의욕을 상실하여 점점 더 흐리멍덩해지고, 흐리멍덩한 혼침이 이어지면 수면을 불러들입니다.

이쯤 되면 마음공부의 진전은 없어지고, 진전이 없다는 이유로 자포자기와 게으름 속에 빠져듭니다. 행복과 해탈을 향한 향상의 길로 나아가겠다는 원력마저 팽개친 채, 지난 세월 동안 지어놓은 복을 까먹으며 노력 없이 되는대로 살아가는 것입니다.

### 장애 없기를 바라지 말라

지금까지 우리는 '번뇌·의심·혼수'라는 세 가지 대표적인 장애에 대해 이야기하였습니다. 실로 마음공부를 하는 이들 가운데 이 장애를 좋아하는 이는 없을 것입니다. 장애만 없으면 참으로 할 만한 것이 마음공부이기 때문입니다. 그런데 「보왕삼매론」에서는 반대로 설하고 있습니다.

"마음공부에 장애 없기를 바라지 말라."

왜 장애 없기를 바라지 말라고 하였는가?

마음공부에는 장애가 따르기 마련이라는 것을 먼저 알게 되면 미리 대비를 할 수가 있습니다. 그리고 공부를 하다가도 장애가 발생할 때 능히 극복을 할 수 있습니다. 그러나 장애가 없을 것이라고 기대하였다가 장애를 만나면 대처는커녕 걷잡을 수 없이 휘말리게 되고, 마침내는 도중하차를 하지 않을 수 없습니다.

그런데「보왕삼매론」에서는 이와 같은 상식적인 이유를 넘어선, 보다 깊은 까닭을 밝히고 있습니다.

**"마음공부에 장애가 없으면 배움이 등급을 뛰어넘게 되고, 배움이 등급을 뛰어넘으면 반드시 얻지 못하고서도 '얻었다'고 하느니라."**

실로 마음공부는 한 단계 한 단계씩 밟고 올라가야 합니다. 경전을 공부하는 교종의 경우는 말할 것도 없고, 단박에 깨닫는다는 뜻의 '돈오頓悟'를 표방하는 참선 공부에 있어서도 여러 가지 경지가 있기 마련입니다. 처음에는 산이 산으로 보이고 물이 물로 보이다가, 공부가 익으면 산이 산이 아니요 물이 물이 아닌 경지에 이르며, 완전히 익으면 다시 산은 산이요 물은 물인 자리에 이른다고 합니다.

염불 또한 열 가지 염불 수행 단계를 두어 마침내 염불삼매를 증득하도록 지도하고 있습니다. 그런데 스스로의 얕은 경지에 도취되어 '도를 얻었다'고 하면 어떻게 되겠습니까?

요즈음, 우리 불교 집안에는 치열하게 공부하는 분이 잘 보이지를 않습니다. 그런데도 법문을 하는 스님이나 법사를 보면 마치 깨달음을 이룬 양 자신 있게 이야기를 하는 이가 많아졌습니다. 심지어는 스스로를 '공부를 마친 사람'이라고 표현하는 이도 있습니다. 그런데 깨닫지 못하였으면서 깨달았다고 하면 대망어大妄語를 범한 것이 되며, 그는 이미 부처님의 제자가 아닙니다.

대망어를 내뱉으면 승가에서 축출되는 바라이죄波羅夷罪를 범하게 되고, 죽은 다음에 지옥에 떨어져서 아주 큰 고통을 당하게 된다고 하셨습니다.

"나는 성인의 법을 깨달아 도를 이루었다."
"나는 모든 번뇌를 끊었다."
"나는 다른 이의 마음을 꿰뚫어 보는 경지에 올랐다."
"나는 길이 삼악도를 여의었다."

경지에 이르지 못한 사람이 이렇게 이야기를 하면, 이 모두가 대망어계를 범한 것이 됩니다.

모름지기 공부를 하는 사람은 스스로가 이룬 공부의 경지에 대해 담백해야 합니다. 담담하고 순수하여야 맑고 밝은 마음자리로 한 걸음 한 걸음 돌아갈 수 있습니다. 그런데 스스로를 뽐내기 위해 깨달았다고 하거나, 명리를 도모하기 위해 사람들을 시켜 '나'의 미덕을 선전한다면 어떻게 되겠습니까?

'나'도 돌이킬 수 없는 과보를 받고 남도 미혹 속에 빠뜨리게 됩니다. 곧 대망어죄를 범하면 나와 남 모두에게 깨달음의 경지로 나아가는 문이 닫혀지게 됩니다. 정녕 이것 이상의 더 큰 불행이 어디에 있습니까? 그래서 「보왕삼매론」은 강력히 주창한 것입니다.

**"배움이 등급을 뛰어넘으면 반드시 얻지 못하고서도 '얻었다'고 하느니라."**

마음공부는 내가 결심하여 내가 하는 것입니다. 그 누구도 대신하여 주지 않습니다. 그리고 그 공부에 대해서는 누구도 점수를 매기지 않습니다. 오직 '나'의 결심하에 '나' 스스로가 먼저 점검하고 스스로의 진실 속에서 닦아가는 것이 마음공부입니다.

참으로 이 마음공부는 착실히 하여야 합니다. 스스로에게 다가오는 장애를 점검하면서 한 단계 한 단계 착실히 나아가야 합니다.

그럼 어떻게 하여야 장애를 극복하고 차근차근 깨달음의 경지로 나아갈 수가 있는가?

## 장애의 실체와 극복

「보왕삼매론」에서는 마음공부의 장애에 대해 다음과 같이 설하였습니다.

**"이 장애에 뿌리가 없다는 것을 이해하면 장애가 스스로 고요하여져서 장애에 걸릴 것이 없어지느니라."**

우리는 앞에서 마음공부의 장애로 번뇌와 의심과 혼수를 들었습니다. 과연 이 세 가지 장애의 뿌리는 무엇일까요?

먼저 '**번뇌**煩惱'부터 살펴봅시다.

참선·염불·독경·기도 등의 마음공부를 하다 보면 평소에 느끼던 것보다 훨씬 더 번뇌망상이 일어나는 것을 느낄 수 있습니다. 그래서 많은 분들이 치성하는 번뇌에 대해 걱정을 합니다.

"망상이 심해 참선이 되지를 않는다. 어떻게 이 번뇌를 다스려야 하는가?"

"번뇌 때문에 정성스러운 기도를 할 수가 없다. 이렇게 번뇌 속에서 기도를 해도 되는 것인가?"

참으로 번뇌망상은 우리의 마음공부에 최대의 장애가 됩니다. 번뇌망상만 없으면 금방이라도 기도 삼매에 빠져들어 소원을 성취하고, 화두삼매를 이루어 깨달음을 얻을 것인데, 번뇌망상으로 인해 제대로 되는 것이 없기 때문입니다.

그럼 어떻게 하여야 마음공부의 가장 큰 훼방꾼인 번뇌망상을 잘 다스릴 수 있을까? 무엇보다 번뇌망상에 대한 우리의 시각부터 재정립을 해야 합니다.

마음공부를 하는 대부분의 불자들은 우리 마음의 파도인 번뇌망상을 적이나 원수처럼 생각합니다. 그래서 번뇌망상과 싸움을 하고, 번뇌망상을 없애기 위해 몹시도 애를 씁니다.

하지만 번뇌망상은 파도와 같고 구름과 같은 것입니다. 한결같은 일심의 바다에 바람 따라 생겨났다가 자취 없이 꺼지는 파도와 같고, 맑디맑은 하늘에 홀연히 일어났다가 스르르 흩어지는 한 조각의 구름 같은 것이 번뇌망상입니다. 곧 번뇌망상은 파도나 구름처럼 고유한 실체가 없고 참다운 뿌리가 없는 것입니다.

실체도 뿌리도 없는 파도와 구름. 그 파도를 누가 잠재울 수 있습니까? 뜬구름을 누가 흩어버릴 수 있습니까? 때가 되면 저절로 꺼지고 저절로 흩어지는 것이 파도요 구름입니다.

오히려 우리는 그 번뇌망상이 밖에서 온 것이 아님을 분명히 알아야 합니다. 우리들 일심의 바다에서 생겨난 파도요, 마음의 하늘에서 일어난 구름임을 알아야 합니다. 그 파도 또한 바닷물이요, 구름이 있는 곳 역시 하늘이라는 것을 알아야 합니다.

명심하십시오. 어떠한 번뇌망상도 마음 밖에서 온 것은 없습니다. 그런데도 우리는 염불삼매를 이루고 화두삼매를 이루어야 한다며 번뇌망상과 싸우기를 주저하지 않습니다.

왜 일심의 바다에, 마음의 하늘에 나타난 번뇌망상을 원수처럼 싫어하고 미워하고 없애려고 애를 씁니까? 저절로 사라질 번뇌망상을 왜 굳이 잡고 싸워야 합니까?

번뇌의 속성은 순간적으로 일어났다가 사라지는 것입니다. 번뇌망상은 실체가 없고 뿌리가 없는 것이기 때문에, 집착하지 않고 내버려 두면 저절로 사라지기 마련입니다. 하지만 집착을 하고 없애고자 하면 끊임없이 꼬리를 물고 일어나는 것이 번뇌망상입니다.

그러므로 번뇌망상이 일어날 때 '아, 일어났구나' 하면서, 다시 하고 있던 마음공부에 집중하게 되면, 번뇌망상은 저절로 사라지고 집중으로 인한 삼매의 힘이 생겨나 평화로움을 이룰 수 있게 됩니다.

번뇌를 따라가지 않고 다시 마음공부에 집중하는 것! 이것이 번뇌망상의 장애를 다스리는 비결입니다.

비록 마음의 파도인 번뇌망상이 심하게 일어나 방해를 할지라도 당연한 것으로 받아들이면서, 거듭거듭 마음을 모아 기도하고 염불하고 참선을 해보십시오. 뿌리 없는 번뇌가 저절로 사라지면서 믿음이 샘솟고, 믿음이 확고하면 '될까·안 될까? 나에게 맞을까·맞지 않을까?'하는 의심疑心의 장애들이 저절로 사라집니다.

그리고 의심이 없으면 자신감이 생겨나서 혼수惛睡 상태가 아닌, 또렷또렷한 정신으로 마음공부를 할 수 있습니다.

이제 다시금 참선·염불·독경·기도 등의 마음공부를 시작해보십시오. 뿌리 없는 번뇌망상이 일어나면 직시하여, '일어났구나' 하고는 곧바로 하던 마음공부로 돌아가십시오. 그리고 현재의 마음공부에 의심이 생기면 불보살님에 대한 믿음으로 의심을 극복하십시오. 또한 흐리멍덩함에 빠지거나 게으름이 솟구치면 옛 스승들이 도를 닦을 때 극복하였던 도담道談·기도영험담 등을 상기하거나 적절한 방편을 구사하여 물리치십시오.

장애가 없으면 오히려 도가 쉽게 익지를 않습니다. 장애를 잘 파악하면 장애가 '나'의 마음공부를 돕게 되고, 장애를 잘 활용하면 훨씬 탄탄한 깨달음을 이룰 수 있게 됩니다. 그래서「보왕삼매론」에서는 설하고 있습니다.

"그러므로 대성인이 '장애 속을 자유로이 거닐어라' 하셨느니라."

부디 이 귀한 말씀을 스스로의 마음자리를 찾는 주춧돌로 삼아, 참된 깨달음의 길로 나아가시기 바랍니다.

### 마음 궁구

이제 생활 속의 마음공부 한 가지를 이야기한 다음 끝을 맺겠습니다.

세속에 사는 사람들은 사람과 물질 때문에 고민을 합니다. 돈·부모자식·부부·남과의 관계…. 특히 가족 관계가 원활하지 못하면 크게 괴로워합니다.

이 사람과 물질, 특히 가족 사이에 얽혀 있는 장애를 푸는 것은 참으로 중요한 마음공부요 으뜸가는 마음공부입니다. 부모와 자식 사이가 좋지 않은 관계에 있을 때를 예로 들겠습니다.

자녀들이 바람직하지 않은 행동이나 말을 하여 마음이 크게 섭섭해지면 부모는 소리칩니다.

"내가 어떻게 키우고 어떻게 해주었는데…. 키워주고 먹여주고 입혀주고 용돈 주고, 그야말로 온갖 것을 다 해주었는데, 저렇게 행동하고 저렇게 말해? 나쁜 놈, 용납할 수 없는 놈!"

가족 관계에 장애가 생길 때 이렇게 원망하고 꾸짖고 소리치면 안 됩니다.

자녀들은 무조건 삐딱하게 나가지 않습니다. 무언가 까닭이 있어 말과 행동을 삐딱하게 합니다. 그러므로 무조건 '싫다' 하지 말고 자녀의 마음을 보아야 합니다. 마음을 읽어

줄 줄 알아야 합니다. 상대의 마음에 어떠한 장애가 있는지, 어떤 문제가 있는지, 어떤 맺힘이 있는지를 읽어줄 줄 알아야 합니다.

과거를 돌아보십시오. 내 잘한 것만 돌아보지 말고, 그 아이(상대방)에게 내가 잘못한 것이 무엇인지를 돌아보십시오. 열심히 돌아보십시오. 이것이 명상입니다.

돌아보고 찾다 보면 알게 됩니다.

'아, 내가 이렇게 했구나.'

'이러한 잘못을 저질렀구나.'

'이것이 저 아이의 마음에 못을 박았구나.'

이렇게 느끼게 되는 것, 이것이 깨달음입니다.

확실히 느끼게 되는 것. 이것이 확철대오입니다.

참선·염불·주력·독경 등의 공부도 좋지만, 이렇게 나를 돌아보고 상대를 돌아보면서, 서로의 마음창고·마음은행에 보관하고 있는 마음의 장애들을 찾아내어 참회하고 녹이는 공부도 매우 중요합니다.

'내 공부만 하면 된다. 깨치면 된다. 내가 깨치는 것이, 내가 행복한 것이, 내 마음 다치지 않는 것이 으뜸이다.'

아닙니다. 이것이 더 많은 문제를 불러일으킵니다. 참으로 나 자신의 문제를 명상하고 깨닫고 반성하고 제대로 실천해야 합니다. 그래야 지금의 장애들이 행복으로 바뀝니다.

그래야 이 공간과 이 시간이, 이 가정과 이 직장이 행복한 불국토가 됩니다.

> 마음 돌아보기. 내 마음 돌아보기, 상대 마음 돌아보기.
> 마음 관찰하기. 내 마음 관찰하기, 상대 마음 관찰하기.

 나를, 나의 자존심을 앞세우지도, 상대의 문제를 앞세우지도 마십시오. 내가 말하고 내가 행동한 것을 앞세우지도, 상대의 말과 상대의 행동을 앞세우지도 마십시오.
 나를 돌아보면서 상대를 돌아보고, 상대의 마음을 돌아보면서 내 마음을 돌아보고, 내 마음과 상대의 마음을 관찰하면서, 서로를 진정으로 위하고 진정으로 사랑하며 살아야 합니다.
 티끌 같은 자존심, 4대四大가 흩어지면 동시에 사라질 실체가 없는 나(無我)에 사로잡혀서 인연을 무시하며 살면 안 됩니다. 왜?
 인연因緣이 나를 만들기 때문입니다. 나(因)와 남(緣)의 인연이 지금 여기, 이 시간 이 공간 속의 나를 만들기 때문입니다. 우리가 살면서 말하고 생각하는 나는 바로 이 인연 속의 나일 뿐입니다.
 감지도 할 수 없는 아주 깊은 마음(제8식·제9식)속의 나가 아닙니다. 무의식이나 잠재의식 속의 마음도 아닙니다. 현상 속의 나, 인연들이 모여 나타나 있는 나, 인因인 나와 연緣인 너 사이에서 존립하고 있는 나입니다. 따라서 인과 연이 흩어지면 나도 없습니다.

그래서 무아無我입니다. 그래서 무상無常입니다.

이렇게 나를 궁구窮究하십시오. 내 마음을 궁구하십시오. 남의 마음을 궁구하십시오. 제대로 알지도 못하는 공부를 하기보다는, 남을 따라 억지로 힘들게 수행하기보다는, 인연을 궁구하십시오. 인因인 나를, 그리고 연緣인 상대를 자꾸자꾸 궁구하십시오.

스스로를 돌아보아 무아를 깨닫고, 허공에 피어났던 허공꽃이 본래 없었음을 깨달아, 마음을 허공처럼 맑게 하며 살아가십시오.

지금 내 마음에 피어나 있는 꽃은 허공에 피어 있는 허공꽃입니다. 눈병 때문에, 인연의 결박과 무명無明 때문에 생겨난 허공꽃입니다.

이 허공꽃은 눈병이 나으면 저절로 사라지는 꽃입니다. 왜? 원래 허공에는 꽃이 없는데, 눈병 때문에 꽃이 있다고 보고 꽃이 있음을 주장하였을 뿐입니다.

이제 나를 내려놓으면, '인과 연에 본래 나가 없음〔無我〕'

을 돌아보고 궁구하면 허공꽃은 저절로 사라집니다. 좋고 싫고 밉고 고왔던 허공꽃은 다 사라지고, 허공과 같이 맑은 원래의 마음을 회복하게 됩니다.

마음을 허공처럼 맑게 하라.

이것이 불교의 실천이요 불교의 마침표입니다.
원래 허공은 걸릴 것이 없습니다. 막힐 것이 없습니다. 장애라고는 없습니다. 하지만 허공꽃이 있으면, 허공꽃이 보이면, 특히 허공 전체가 꽃으로 가득 차면 허공 전체가 온통 장애입니다. 한 걸음도 자유롭게 노닐 수가 없습니다.
반대로 허공꽃만 없어지면 허공으로 살 수 있습니다. 허공처럼 자유롭게 살 수 있습니다. 인연에 사로잡혀 있는 것일 뿐, 고유한 '나我는 본래 없는 것'임을 확실히 깨달으면 (자각하면), 허공꽃은 저절로 사라지고 나는 허공이 되어 자유롭게 살 수 있습니다.
나만 자유로운 것이 아니라, 모든 것을 다 용납하는 허공, 모든 것이 자유롭게 오갈 수 있도록 하고 그 자리에 있을 수 있도록 하는 허공, 모든 것을 다 용납하면서도 조금도 걸림이 없는 허공 같은 '나'가 될 수 있습니다.
인연 속에서 무애자재로움을 이루는 공부. 이러한 마음공부를 하십시오. 내 마음이 모든 것을 만들어냅니다. 일체유심조一切唯心造. 이것을 잊지 마십시오.

내 마음을 돌아볼 때, 내 마음을 바꿀 때, 상대방의 마음을 살필 줄 알 때, 상대방의 마음을 이해할 때 무애無礙해집니다. 장애가 없어지고 서로를 참으로 잘 사랑할 수 있습니다. 상대를 믿고[信] 이해하고[解] 서로를 살리는 사랑을 하고[行], 평화와 행복을 함께 누릴 수 있습니다[證].

허공꽃에 집착하지 마십시오. 허공꽃을 취하려 하지 마십시오. 허공꽃을 잡지 마십시오. 그 결과는 장애요 불안이요 불행이요 고난일 뿐입니다.

마음공부. 나의 마음을 돌아보고 생각을 돌아보고, 상대방의 마음을 이해하고 생각을 이해할 줄 아는 것. 이것이야말로 참된 마음공부요 깨달음의 공부입니다.

꼭 명심하시어 가까운 이들부터 이해하고 잘 살펴서, 참으로 걸림 없고 자유롭고 평화롭고 행복한 삶을 영위하게 되시기를 깊이깊이 축원 드립니다.

나무마하반야바라밀.

## 4. 불자의 서원과 마

수행하는 데 마魔 없기를 바라지 말라.  　　立行不求無魔
수행하는 데 마가 없으면  　　行無魔卽
서원이 견고해지지 못하고  　　誓願不堅
서원이 견고하지 못하면 반드시  　　願不堅必
증득하지 못하고도 증득했다 하느니라.  　　未證謂證
마가 허망한 것임을 꿰뚫어 보고  　　達魔妄有
마 자체에 뿌리가 없다는 것을 사무쳐 알면  　　究魔無根
마가 어찌 나를 괴롭힐 수 있으리.  　　魔何能嬈
그러므로 대성인이  　　是故大聖化人
'마로써 수행을 돕는 벗을 삼으라' 하셨느니라.  　　以群魔障爲法逍侶

### 우리가 이겨야 할 마

　원문의 행行은 참선·염불·기도 등의 불교 수행만이 아니라, 목표를 이루기 위한 모든 행을 다 포함시킬 수 있습니다. 곧 시험합격·승진·성공·출세·결혼 등, 이루고자 하는 모든 일들에 함께 적용시킬 수 있습니다.

마魔(māra)는 마구니·악마라고도 하며, 수행인의 몸과 마음을 산란하게 하여 해탈의 도를 얻지 못하게 방해하는 모든 형태의 장애를 총칭한 단어입니다. 곧 이 세상에서 믿고 이해를 한 다음에 실천을 할 때 생겨나는 갖가지 장애가 마인 것입니다.

여기에서는 편의상 수행하는 중에 겪게 되는 마에 중심을 두고 풀이하겠습니다.

예로부터 불교에서는 마魔를 2마·4마·8마·10마 등으로 분류하여 설명하였고, 『능엄경』·『대승기신론』 등의 중요 경론들마다 마에 대해 상세하게 설명하고 있습니다.

하지만 여기에서는 마의 각종 분류법에 따른 복잡하기 그지없는 설명보다는, 석가모니불의 수행 당시에 나타난 마의 모습을 통하여, 마의 실체와 대처 방법에 대해 살펴보고자 합니다.

❁

29세의 나이로 세속의 쾌락과 부귀영화를 모두 버리고 출가를 한 싯달타태자는 여러 수행자를 찾아다니며 도를 물었으나 답을 얻지 못하자, 스스로 보살의 길에 올라 이욕離欲과 적정寂靜을 이루기 위한 고행을 시작했습니다. 그 고행은 숲속에서 고요히 선정禪定을 닦되, 하루 쌀 한 숟가락에 참깨 한 움큼만을 먹고, 동요됨이 없는 마음으로 앉아 있었습니다. 베옷 한 벌로 몸을 가리고, 몸을 씻거나 머리를 깎지도 않았습니다. 바람이 불거나 비가 오거나, 겨울이나 여름이나 한결같이 도를 닦았습니다.

이렇게 고행을 하며 6년을 지나다 보니, 살과 피가 다 말라 버려, 오직 종잇장 같은 살갗이 뼈를 감싸고 있는 인형처럼 변했습니다. 손으로 몸에 쌓인 먼지를 털려고 하면 몸의 털이 말라 떨어졌고, 배를 만지면 문득 등뼈가 만져졌습니다.

지나친 고행…. 마침내 싯달타보살은 기력이 다하여 땅에 쓰러졌고, 욕계欲界에서 가장 높은 하늘인 타화자재천他化自在天의 왕인 마왕 파순波旬은 모습을 나타내어 부드러운 음성으로 속삭였습니다.

"이 세상에 목숨보다 소중한 것은 없다. 목숨이 없다면 어떻게 해탈할 수가 있겠는가? 보살처럼 고행을 한다면 목숨만 잃을 뿐, 해탈을 얻을 가능성은 만에 하나도 없다."

마왕의 속삭임을 들은 보살은 단호하게 말했습니다.

"마왕이여, 내가 구하고 있는 것은 단순한 이익이 아니다. 목숨은 언젠가 죽음으로 끝나는 법! 나는 죽음을 두려워하지 않는다. 그대의 말을 좇아 헛되이 살아서 무엇을 할 것인가!"

이에 마왕은 그의 군대를 보내 보살을 위협했고, 보살은 단호히 말했습니다.

"마왕이여, 나는 그대의 군대를 잘 알고 있다. 제1군은 애욕이다. 제2군은 의욕상실이요, 제3군은 가난이요, 제4군은 갈망이다. 제5군은 비겁이요, 제6군은 공포요, 제7군은 의혹이요, 제8군은 분노요. 그리고 제9군은 슬픔이요, 마지막 제10군은 명예욕이다. 자, 어떠냐? 나는 이와 같은 그대의 군대와 싸우겠노라. 나는 바르게 생각하고 바르게 알고 있다."

이 확신에 찬 보살의 말이 끝나자 마왕의 군대는 맥없이 사라졌습니다.

이렇게 고행을 통하여 육체와 정신세계의 10가지 마를 항복 받은 싯달타보살은 고행을 통하여 공덕을 쌓아야 해탈의 경지에 도달하게 된다는 관념을 탈피해야 함을 느끼고, 그토록 매달렸던 6년 동안의 고행을 미련 없이 버렸습니다. 고행을 그만둔 보살은 니련선하尼連禪河 강물 속으로 들어가 목욕을 하고, 수자타가 공양하는 유미죽을 먹은 다음 기운을 차렸습니다.

그리고 부다가야의 보리수 아래에 앉았을 때 싯달타보살은 육체와 정신, 쾌락과 고통, 선악善惡·시비是非·생사生死·

유무有無의 상대적인 것을 모두 떠난 중도中道의 선정삼매禪定三昧에 접어들었고, 선정의 힘이 깊어지자 욕계의 제6천인 타화자재천의 마왕궁魔王宮이 크게 진동했습니다.

몹시 놀란 마왕 파순은 장군들을 불러 모아 보리수 아래에 있는 보살을 제압할 방법을 찾았습니다. 그러나 보살의 고행 시절에 참패를 당한 것을 알고 있는 장군들인지라, 오히려 마왕에게 충고를 했습니다.

"도저히 이길 승산이 없습니다. 단념해야 합니다."

그러자 마왕은 지극히 사랑하는 세 딸인 탄하(갈애)와 마르티(혐오)와 라가(탐욕)를 불러 싯달타보살을 유혹하도록 명했습니다.

마왕의 세 딸은 아름다운 음성으로 노래를 부르고, 서른 두 가지의 요염한 자태를 취하며 보살을 유혹했습니다. 하지만 보살은 마왕의 딸들에게 유혹되기는커녕, 깊은 자비심으로 그들을 바른길로 이끌고자 하였습니다.

"육체의 쾌락에는 고뇌가 따르기 마련인데, 도리를 알지 못하는 이들은 욕정에 빠져든다. 그대들이 지금과 같은 아름다운 모습을 하고 있는 것은 옛적에 쌓은 선업善業의 결과이다. 그런데 그 근본을 잊어버리고 나쁜 짓을 하게 되면, 머지않아 아름다움을 잃고 지옥에 떨어져 괴로움을 받게 된다."

마왕의 딸들은 깊이 감복하여 보살에게 경의를 표하며 돌아갔고, 화가 잔뜩 난 마왕은 직접 모든 부하들을 거느리고 보살 앞으로 나아가, 무기를 휘두르고 활을 쏘고 불덩이를 던지며 공격했습니다.

그러나 선정에 든 보살이 조그마한 적의도 일으키지 않고 자비심을 일으키자, 몸 가까이로 날아온 어마어마한 무기나 화살들은 모두 아름다운 꽃다발이 되어 둘레를 장식하였고, 뜨거운 불덩이는 햇볕을 가려주는 천개天蓋로 변하였습니다.

이렇게 하여 마왕 파순을 완전히 제압한 싯달타보살은 마침내 나고 죽음의 근본 종자인 무명無明의 뿌리를 끊고 석가모니불이 되었습니다.

※

이제까지 우리는 부처님의 성도成道 과정에 나타났던 마에 대해 간략히 살펴보았습니다. 이 이야기를 통하여 우리는 몇 가지 중요한 가르침을 새겨 볼 수 있습니다.

첫째는 싯달타보살이 6년 고행을 통하여 물리친 마왕의 군대에 대해 주목해야 합니다. ① 애욕 ② 의욕상실 ③ 가난 ④ 갈망 ⑤ 비겁 ⑥ 공포 ⑦ 의혹 ⑧ 분노 ⑨ 슬픔 ⑩ 명예욕!

행을 닦는 이들은 이 열 가지 마를 잘 새겨야 합니다.

이 세상에 쉽게 되는 일이 어디에 있습니까? 성공을 하고 원을 이루기 위해서는 힘든 고비를 넘어서야 합니다. 하고 싶고 갖고 싶은 것을 참아야 하고, 무기력을 넘어서야 하고 근심 걱정에서 벗어나야 합니다.

즐기고 나누고 싶은 ①애욕
갖고 싶고 누리고 싶은 ④갈망
뽐내고자 하는 ⑩명예욕
될까 안 될까를 의심하는 ⑦의혹
의혹 뒤에 스스로가 불러일으키는 ②의욕상실
나는 잘할 수 없다는 ⑤비겁한 생각
현실적으로 찾아드는 갖가지 ⑥공포들
마음대로 누리지 못하게 옥죄는 ③가난
남은 잘사는데 '나는 왜?'라는 ⑧분노와 ⑨슬픔
등의 장애들이 끊임없이 일어납니다.

이러한 때는 어떻게 해야 하는가? 그냥 주저앉아 이 마군들의 노예가 되어야 하는가? 아닙니다. 정신을 가다듬고 굳건히 하여 부처님과 스스로를 믿고 스스로를 이해해주면서, 원력을 가지고 바르게 마를 관찰하며 중도中道의 길을 걸으면 애욕·의욕상실·가난·갈망·비겁·공포·의혹·분노·슬픔·명예욕 등을 슬기롭게 극복할 수 있습니다.

한번 곰곰이 생각을 해 보십시오. 과연 마魔란 무엇이며, 마왕이란 무엇입니까?

'내가 어떻게 하겠다'고 정한 나의 결심을 흔들어버리는 또 다른 내 마음의 장난이 마군魔軍이며, 우리를 그릇된 길로 나아가도록 만드는 번뇌의 뿌리가 마왕입니다. 곧 탐심貪心과 진심瞋心(분노심) 등이 마왕인 것입니다.

보리수 아래에서 깊은 선정에 잠긴 싯달타보살은 마침내 수 없는 세월 동안 우리와 함께하면서 우리를 윤회하는 중생의 세계 속으로 몰아낸 탐심과 진심이라는 관문을 넘어서게 됩니다.

곧 마왕이 파견한 세 딸을 감화시켰다는 것은 나고 죽음의 깊은 뿌리인 애욕과 탐심을 완전하게 극복하였다는 것이며, 화가 난 마왕과 그 군대를 모조리 제압하였다는 것은 분노의 진심을 지극한 자비심으로 완전히 탈바꿈시켰음을 일깨워주고 있는 것입니다.

### 서원으로 마를 극복하라

마魔는 남의 일이 아닙니다. 마왕의 지배를 받는 욕계, 곧 욕심의 세계에 살고 있는 우리의 일입니다. 우리가 욕심의 세계에 살고 있는 이상에는 마가 필연적으로 뒤따른다는 것. 그것을 「보왕삼매론」은 깨우쳐주고 있습니다.

"수행하는 데 마魔 없기를 바라지 말라. 수행하는 데 마가 없으면 서원이 견고해지지 못하고, 서원이 견고하지 못하면 반드시 증득하지 못하고도 증득했다 하느니라."

이 말씀은 마가 생겨남으로써 서원誓願을 견고하게 만든다는 뜻도 되지만, 굳건한 서원을 통하여 마를 이겨나가야 한다는 가르침을 담고 있습니다.

서원誓願! 서원은 맹세의 원입니다.

사람들에게는 많은 원願이 있으며, 그 원은 곧 '바라는 바'입니다. 바꾸어 말하면 자기의 목적을 성취하기 위해 스스로 수립하는 기본적인 결심이 원願인 것입니다.

이 원을 불교에서는 발원發願 · 서원誓願 · 행원行願 · 원력願力 등의 다양한 용어로 표현합니다.

'내가 어떻게 하겠다'는 결심을 스스로 발하는 것이기 때문에 '발원'이라 하고, 원을 세움과 동시에 어떠한 어려움이 있더라도 기필코 이루겠다는 맹세〔誓〕가 뒤따르기 때문에 '서원'이라 하며, 원을 성취하기 위해서는 반드시 실천행이 뒤따라야 하기 때문에 '행원'이라 합니다.

또 내면적인 원은 결코 원으로 그쳐서는 안 됩니다. 원을 이룰 수 있는 힘이 뒷받침되어야 합니다. 이와 같이 원願과

힘(力)은 결코 분리될 수 없는 상관관계에 있는 것이기 때문에 '원력願力'이라고 한 것입니다.

일찍이 부처님께서는 수많은 경전을 통하여 서원誓願의 중요성을 강조하셨고, 모든 불자들이 꼭 서원할 것을 간곡히 당부하셨습니다. 왜 부처님께서는 불자들 스스로가 꼭 서원할 것을 당부하신 것일까요?

그 이유는 간단합니다. 서원이 없으면 흐르는 대로 인생을 살게 되기 때문입니다. 그저 흐르는 대로 인생을 살다보면 방황을 하거나 마의 유혹에 빠져 타락의 길을 걷게 되는 경우가 많습니다.

그러나 서원을 굳건히 하면서 살게 되면 자기 계발과 자기향상을 도모할 수 있을 뿐 아니라, 마의 유혹이 있을지라도 결코 그릇된 길로 나아가지 않게 됩니다. 그 누구라도 서원을 세워 거듭거듭 다짐하며 정진하면 힘을 모을 수 있게 되고, 힘이 모이면 마의 유혹이나 공포가 있을지라도 흔들리지 않게 됩니다.

그야말로 서원은 우리를 보다 힘차게 행복의 길로, 성공의 길로, 해탈의 길로 나아갈 수 있도록 만들어주는 수행의 원동력입니다.

무기력 속에 빠져들거나 바른 삶의 자세가 흩어질 때 제자리를 찾아주고, 뜻하지 않은 시련이 다가왔을 때 돌파구를 열어주는 것이 서원인 것입니다.

그러므로 정진하는 우리 불자들은 확고한 서원이 있어야 합니다. 오랜 세월 동안 문제를 일으켰던 그릇된 습관들을 고칠 수 있고, 고통의 씨앗이 된 이기심이라는 마를 능히 극복할 수 있는 서원을 세워야 합니다. 능히 우리의 업을 녹일 수 있고, 우리에게 자유와 행복과 평화를 안겨줄 수 있는 서원을 품어야 합니다.

그리고 궁극적으로는 자타일시성불도自他一時成佛道의 원을 품고 사홍서원四弘誓願 속에서 살아야 합니다.

만일 지금의 '나'가 마의 유혹이나 인생의 시련 속에 처하여 방황을 하고 있거나 무기력한 상태에 빠져 있다면, 또 다른 정진의 발걸음을 옮기기 전에 삶의 나침반이 될 수 있는 원願부터 다시 세워야 합니다. 나아가 그 원에 스스로의 맹세를 담아 서원으로 만들어야 합니다.

결코 불보살님께 매달리는 원만을 세우는 것으로 그쳐서는 안 됩니다. 나 스스로가 '어떻게 하겠다'는 맹세의 원을 발하여야 합니다.

부디 서원誓願을 발하십시오. 삶과 수행의 나침반이 될 수 있는 서원을 가지십시오. 서원이 없으면 올바로 수행할 수가 없고 올바른 성취를 기대할 수 없습니다.

원을 세웁시다. 향상의 길로 나아가는 서원을 세웁시다.

그 서원이 힘을 얻게 되면 원력이 되고, 원력으로 수행정진하면 마가 저절로 극복되어, 목표에 도달하는 것이 그리 멀지 않게 됩니다.

### 마의 실체

이제 우리는 굳건한 서원 속에서 우리의 수행을 방해하는 마의 실체를 꿰뚫어 보아야 합니다. 과연 마魔가 무엇입니까? 「보왕삼매론」은 마를 '허망한 것', '뿌리도 근본도 없는 것'이라 가르치고 있습니다.

> "마가 허망한 것임을 꿰뚫어 보고, 마 자체에 뿌리가 없다는 것을 사무쳐 알면, 마가 어찌 나를 괴롭힐 수 있으리."

마魔는 거의 대부분이 마음에서 일어나는 내마內魔이며, 외부로부터 찾아드는 외마外魔는 극히 드뭅니다. 그런데 마음에서 일어나는 내마를 자세히 살펴보면, 표면적인 의식 세계의 마와 보다 깊은 잠재의식·무의식 세계의 마가 있습니다.

표면적인 의식 세계의 마는 우리가 수시로 일으키는 번뇌망상을 비롯하여, 수행을 할 때 자꾸만 생겨나는 의심·게으름 등이 모두 포함됩니다. 이러한 표면적인 마는 수행하는 모든 이들에게 찾아들기 마련입니다.

  왜냐하면, 우리의 의식적인 일상생활이 파도 따라 움직이는 삶인 데 비해, 원과 목표를 지닌 수행은 파도를 잠재우는 행위이기 때문에, 그 변화의 과정에서 이전의 버릇이 마가 되어 방해를 하는 것입니다.

  그러나 이와 같은 마는 수행 초기 단계의 아주 얕은 마요 우리가 지각할 수 있는 마이므로, 일어나는 번뇌와 벗하지 않으면서 생각을 잘 단속하면 쉽게 극복을 할 수가 있습니다.

  문제는 수행이 깊어질 때 일어나는 마입니다. 곧 의식 세계에서의 번뇌 등이 아니라, 잠재의식·무의식 속에 숨어 있다가 나타나는 마가 그것입니다.

  파도 따라 출렁이는 고된 삶을 살다 보면 즐거웠던 일, 슬펐던 일, 두려웠던 일들이 차츰 잊혀지면서 잠재의식 또는 무의식 속에 깊이 간직됩니다. 그런데 염불·참선·관법 등의 수행을 하여 출렁이던 파도가 잦아들고 마음이 차츰 맑아지게 되면, 잠재의식이나 무의식 속에 간직되어 있던 감정들이 마가 되어 나타나게 됩니다.

  곧, 참선수행이나 염불·기도의 시작 단계가 아니라, 백일기도를 하면 적어도 반 이상의 기간이 지났을 때, 참선이나 염불을 한다면 어느 정도 화두가 잘 들리고 염불에 차츰 몰두할 수 있게 되었을 때쯤 찾아드는 것입니다.

실로 수행을 잘해 나가는 사람에게는 마의 시련을 겪게 되는 고비가 있기 마련입니다. 그러므로 수행 중에 마가 등장을 하더라도 당황해하지 마십시오. 결코 여기에 속지 말고 흔들리지 말아야 합니다.

가령 '관세음보살'을 염불하는 사람이라면 기쁨도 슬픔도 두려움도, 그리고 어떠한 감정과도 벗하지 말고 계속 '관세음보살'에 집중하면 되고, 신묘장구대다라니를 하는 사람은 다라니에, 광명진언을 하는 이는 진언에 몰두하고, 화두를 드는 사람은 화두만 밀고 나가면 모든 마가 스스로 자취를 감추게 됩니다.

"도가 깊어지면 마도 더욱 성해진다."

"도가 높아질수록 마도 억세어진다."

이 옛 말씀처럼, 특별한 마가 등장한다는 것은 그만큼 도가 깊어지고 있다는 증거입니다. 곧 깊은 잠재의식과 무의식 속에 감추어져 있던 업덩어리를 녹이는 고비임을 깨달아, 흔들림 없이 서원에 따라 정진하시기 바랍니다.

### 순경계도 역경계도 모두 넘어서라

또한 수행을 방해하는 '마' 중에는 우리에게 맞지 않는 역경계逆境界의 마도 있고, 우리에게 아주 잘 맞는 순경계의 마도 있습니다. 앞에서 살펴본 부처님의 경우 중에, 마왕의 세 딸이 나타나 유혹한 것은 순경계順境界이며, 마왕의 군대가 폭력을 쓴 것은 역경계입니다. 이 두 가지 마장 가운데 보다 더 극복하기 어려운 것은 무엇일까요? 바로 순경계의 마입니다.

역경계는 '나'에게 맞지 않고 괴로움을 주기 때문에 극복하고자 하는 마음을 오히려 굳게 가지게 되지만, 순경계는 즐거움으로 다가오기 때문에 극복하고자 하는 생각조차 하지 않는 경우가 많습니다. 따라서 순경계의 마가 나타나면 더욱 조심하고 더욱 마음을 모아야 합니다.

실제로 부지런히 염불정진을 하거나 다라니를 열심히 외우다 보면 묘한 경우를 접하게 되는 때가 있습니다. 눈을 똑바로 뜬 채 정진을 하는데, 갑자기 불보살님이 나타나 눈앞으로 다가오는 것입니다.

때로는 연꽃 위에 서서, 때로는 공중을 둥둥 떠다니는 연꽃을 타고, 때로는 성큼성큼 걸어와 수행하는 이의 등을 톡톡 두드리며 속삭이고 수기를 줍니다.

"장하다. 정말 정진을 잘하는구나."
"네가 그토록 열심히 나의 이름을 불렀으니 이제 깨달음의 눈을 열어주리라. 염불은 이제 그만하도록 해라."

하지만 이것이 바로 순경계의 마라는 것을 잊어서는 안 됩니다. 이 순경계의 마를 극복하지 못하고 정진을 그만두면 다시 수행 전의 제자리로 돌아가 버립니다. 어떤 때는 더 나쁜 결과 속으로 굴러떨어져 버리고 맙니다.

아울러 염불이나 참선 등의 수행을 꾸준히 하다 보면 평소에 느껴 보지 못했던 신비한 경계가 눈앞에 나타나는 경우가 많습니다. 자신의 앞날이 또렷이 보이기도 하고, 남의 운명이 그대로 비치기도 하고, 수천 리 밖에서 일어나는 일까지도 앉아서 보는 경우도 있습니다.

이렇듯 새로운 능력이 생겨나면 자신도 모르는 사이에 흥미로운 이 경계 속으로 빨려 들어가 버리는 수가 많습니다. 이때가 문제입니다. 이때 조심하지 않으면 안 됩니다.

이러한 현상들은, 번뇌 때문에 일렁거리던 마음의 파도가 가라앉아, 이제까지는 비치지 않던 무엇인가가 비치는 것일 뿐, 마음이 완전히 맑아지고 밝아진 경지가 아닙니다. 그러므로 이러한 때에 스스로의 자세를 더욱 가다듬지 않으면, 돌이킬 수 없는 마의 나락으로 떨어지고 맙니다.

정녕 우리가 염불이나 참선수행 중에 나타나는 마를 잘 극복하기를 원한다면, 반드시 순順과 역逆의 경계를 모두 뛰어넘어야 합니다. 그 어떠한 것도 마에 불과하다는 것을 확실히 알고, 절대로 재미를 느끼지 말아야 하며 관심도 주지 말아야 합니다.

'지금 내가 하고 있는 공부 이외에는 어떠한 경계도 참된 것이 아니다. 무엇이 다가오든 모두 놓아 버리고 나의 수행으로 돌아갈 뿐!'

진실로 이러한 자세로 정진하여야 흔들림 없이 깨달음의 경지로 나아갈 수 있습니다. 하물며 앞일이 보인다고 하여 예언을 하거나 남의 운명이 비친다고 하여 입을 열어 말한다면, 어느 세월에 원래의 자리로 돌아가겠습니까?

인생을 살다 보면 마의 고비가 많습니다. 그러나 이와 같은 마장魔障은 하나하나 넘겨야 합니다. 지금 넘어서지 못하면 우리는 다시 번뇌망상의 괴로운 삶 속으로 돌아가야 합니다. 번뇌와 마가 없는 원래의 깨달은 자리가 아니라, 끝없는 방황과 윤회의 삶 속으로 돌아가야 합니다.

진실로 자신을 사랑한다면 틈을 보아 다가서는 마를 극복하면서 부지런히 수행하십시오. 기도를 하든 참선을 하든 염불을 하든, 성취할 그때까지는 정진하고 또 정진하십시오.

성취하게 되면 나고 죽음이 없는 무생사無生死의 경지를 체험하게 되고, 나고 죽음이 없음을 확실히 깨닫고 나면 이 세상이 그렇게 편안할 수가 없습니다. 이 세상이 그대로 편안하고 행복한 영원생명·무한광명의 세계로 바뀌는 것입니다.

우리가 두려워할 것은 마魔가 아닙니다. 바로 우리의 수행과 삶의 자세입니다. 자세만 바르면 마는 오랫동안 벗이 되려 하지 않습니다. 그리고 우리에게 어떠한 해도 끼치지 않습니다.

오히려 뿌리 없이 일어나는 번뇌망상과 고비고비에 모습을 나타내는 각종 마들이 우리를 출격대장부出格大丈夫(굴레를 뛰어넘은 해탈대도인)로 만들어 줍니다. 그리고 이것이 바로「보왕삼매론」의 결론입니다.

"그러므로 대성인이 '마로써 수행을 돕는 벗을 삼으라' 하셨느니라."

부디 이 법문을 깊이 새기셔서 잘 살고 잘 수행하고 잘 정진하시기를 축원하고 또 축원 드립니다.

나무마하반야바라밀.

## 5. 쉽게 되기를 바라는가

일을 꾀하되 쉽게 되기를 바라지 말라.　모사불구이성 **謀事不求易成**
일이 쉽게 이루어지면　사이성즉 **事易成則**
뜻이 가볍고 교만해지며　지성경만 **志成輕慢**
뜻이 가볍고 교만하면 반드시　지경만필 **志輕慢必**
'나는 유능하다'고 칭찬하게 되느니라.　칭아유능 **稱我有能**
내 생각으로 일을 가늠할 수는 있지만　양사종심 **量事從心**
일은 업을 따라 이루어지는 것!　성사수업 **成事隨業**
지금의 내 능력만으로 되는 것이 아니다.　사불유능 **事不由能**
그러므로 대성인이　시고대성화인 **是故大聖化人**
'일의 어려움을 안락으로 삼으라' 하셨느니라.　이사난위안락 **以事難爲安樂**

### 쉽게 이루고자 할 때 쉽게 망한다

『보적경寶積經』 제37권에 있는 부처님의 말씀입니다.

"아난아, 이 세상에는 네 종류의 말이 있다. 가장 훌륭한 양마良馬는 채찍을 휘두르는 그림자만 보아도 똑바로 내닫고, 두 번째의 말은 채찍이 털끝을 스칠 때 달리며, 세 번째 말은 몸에 채찍이 떨어져 아픔을 느껴야만 달린다. 마지막 네 번째 말은 노마駑馬라, 아픔이 골수에 사무치도록 모질게 때려야 달리느니라."

이 말들 가운데 '나는 과연 어떠한 말이었으면' 합니까? 물론 가장 훌륭한 양마일 것이고, 양마가 되지 못하면 두 번째 말이라도 되고 싶어 합니다. 이것이 '나'를 지극히 사랑하는 우리의 당연한 바람일 것입니다.

자기가 하는 일의 성취 또한 마찬가지입니다. 양마처럼 거침없이 내달리고 싶어 합니다. 잘 달려, 누구보다도 빨리 결승점에 도달하고 싶어 합니다. 잘하고 싶고, 꼭 성취되기를 바랍니다. 그야말로 쉽게 잘할 수 있기를 바랍니다.

그러나 어떻습니까? 하는 일이 생각처럼 잘 진행이 되던가요? 쉽게 잘 이루어지던가요? 아닐 것입니다. 대부분의 사람은 어렵고 어렵게 살아갑니다. 힘들고 힘들게 일을 진척시킵니다.

그런데도 매스컴의 시대에 살고 있는 우리는 입지전立志傳을 펴낼 만큼 크게 성공한 사람이나 벼락출세를 한 사람처럼 되기를 기대합니다. '내가 그 사람처럼 성공하지 못할 까닭도, 일을 성취하지 못할 까닭도 없다'는 것입니다.

물론 이와 같은 원력, 이와 같은 용맹심勇猛心은 필요합니다. 이와 같은 자신감은 반드시 가져야 합니다. 하지만 어떻습니까? 막상 시작해 보면 처음부터 막힙니다. 생각과 현실이 다르다는 것을 느낍니다. '나의 욕심이 앞섰다'는 것을 깨닫게 됩니다.

그렇다고 하여 일단 시작한 일에서 쉽게 발을 뺄 수 있는 것도 아닙니다. 내가 할 만하다고 믿었던 것을 포기하기가 아쉽고, 이제까지 투자한 것이 아까워서라도 물러서지를 못합니다. '조금만 더, 조금만 더' 하면서 갖은 고생을 다 합니다. 그리고는 경쟁의 대열에 올라 '빨리빨리'를 추구합니다.

인간의 기본 틀도 잊고 성공에 대한 집착과 일에 묻혀 허겁지겁 살아가는 우리들의 삶….

정녕, 일에 파묻혀 살아가고 있는 우리의 모습은 어떠합니까? 일에 대한 의미를 상실한 채, 돈과 성공과 일의 노예가 되어 정신없이 살아가지는 않습니까?

오늘날과 같은 경쟁 사회에 살다 보면 일이 보람과 기쁨을 가져다주는 것이 아니라, 고통과 슬픔으로 다가서는 때가 너무나 많습니다.

그런데도 우리는 삶의 방식을 바꾸고 일의 방식을 바꿀

생각을 쉽게 하지 않습니다. 자꾸만 자꾸만 현실과 타협하면서 생존을 위해 허겁지겁 살다가, 어느덧 백발을 맞이하고 마침내는 한 생을 마감합니다.

이러한 삶이 잘 살다가 가는 삶일까요? 업을 녹이며 사는 삶일까요? 스스로의 진실을 체험하며 사는 삶일까요? 향상의 삶일까요?

아니라는 것을 우리들 스스로는 알고 있습니다.

실로 생존만을 위한 일은 한없이 슬플 뿐입니다. 향상이 없는 일은 고달프기 짝이 없습니다. 의미를 상실한 삶은 참담하기 그지없습니다. 그럼 어떻게 해야 하는가?

'일을 꾀하되 쉽게 되기를 바라지 말라.'

이 가르침처럼, 쉽게 이루고자 했던 이전의 마음가짐을 바꾸고 기초부터 다시 다져야 합니다.

예를 들어, 주변의 경치를 잘 보기 위해 3층 누각을 짓는다고 합시다. 주변의 경치를 잘 보려면 높은 3층에 올라서야 하고, 따라서 아래쪽의 1층과 2층은 경치를 보는 것과는 상관이 없습니다. 그렇지만 '제3층만 필요하니 아래의 두 층은 짓지 않겠다'고 할 수 있습니까?

아닙니다. 3층에서 경치를 보기 위해서는 3층을 지탱해주는 아래의 두 층은 꼭 필요하며, 3층의 누각을 오래 보존할 수 있도록 터를 잘 다지고 주춧돌부터 착실히 놓아야 합니다.

또 누각 공사를 시작하기 전에 나의 경제력과 입지 조건을 잘 살피고, 좋은 자재와 훌륭한 목수를 찾아야 합니다. 과연 우리는 하나의 일을 할 때 이렇게 하고 있습니까? 그냥 3층만을 짓고 있지는 않습니까?

 결코 평생의 업으로 삼을 일은 '남이 하니까 나도 한다'는 식으로 하면 안 됩니다. 내가 가장 잘할 수 있는 일을 하여야 합니다. 그리고 잘할 수 있을 것 같고, 쉬울 것 같고, 맞을 것 같고, 돈을 많이 벌 수 있을 것 같다는 생각으로 '덜컹'하여서는 안 됩니다.

 즉흥적으로 '지금 ~할 것 같다'는 생각으로 일을 벌여서는 안 됩니다. 그야말로 쉽게 이루고자 할 때 쉽게 망하기 때문입니다.


### 스스로 흔들어 일을 망친다

 이제 「보왕삼매론」에서 밝힌 '일[事]'의 범위를 확대시키면, 사업이나 직업뿐만이 아니라 가사노동·살림살이·기도·불사·공부까지도 모두 포함됩니다. 이 가운데 불자들과 직결된 불사에 대해 살펴봅시다.

 불사佛事는 부처님과 관련된 일입니다. 불사는 '부처 불佛', '일 사事'자 그대로 부처님의 일, 부처를 이루는 일, 부처님 되는 일입니다. 따라서 절을 짓는 등의 유형적인 불사보다는 마음공부를 하는 등의 무형적인 불사가 진짜 불사에 더 가깝다고 할 수 있습니다. 그러므로 여기에서는 무형의 마음공부에 관해 이야기하겠습니다.

「보왕삼매론」의 세 번째에서는 '마음공부에 장애 없기를'에 대해 살펴보았는데, 여기에서는 '마음공부가 쉽게 되기를'에 대해 잠깐 언급하고자 합니다.

염불·참선·경전공부 할 것 없이, 불교공부를 하는 이들의 병통은 '쉽게 이루려고' 하는 데서부터 시작됩니다. 쉽게 이루고자 하면 한결같이 공부를 할 수가 없습니다.

어디 마음공부가 그렇게 쉽게 되는 것입니까? 더군다나 다생다겁 동안 번뇌망상과 벗하며 살아온 우리들인데, 어찌 번뇌망상을 다스리는 공부를 쉽게 성취할 수가 있겠습니까? 당연히 쉽지 않은 것이 마음공부요 불법수행입니다.

그런데도 많은 사람들은 이 공부에 쉽게 뛰어들었다가 스스로에게 실망합니다. '공부가 잘 안 된다'며 스스로를 흔드는 것입니다. 예를 들어 '관세음보살'을 부르다가 집중이 잘 안 되면 스스로를 흔들기 시작합니다.

'아, 기도성취를 제대로 하려면 집중이 잘되어야 한다는데, 이토록 잡생각이 많이 일어나는 것을 보면 나는 관세음보살님과 인연이 없는가 보다. 다른 불보살님의 염불로

바꾸어 볼까?'

그러다가 누군가가 '지장보살 염불이 좋다'고 하면, 쉽게도 '관세음보살'을 버리고 '지장보살'을 찾습니다. 그러나 '지장보살'을 부른다고 하여 '관세음보살'보다 집중이 더 잘 될 까닭이 없습니다. 오히려 '지장보살'을 하다가 보면 자신도 모르게 관세음보살을 부르고 있는 때가 비일비재합니다.

화두話頭를 들고 참선을 하는 이들도 마찬가지입니다. 참된 주인공이 무엇인가를 찾아 들어가는 '이 무엇고' 화두를 하다가 집중이 잘 안 된다고 하여, 역대의 고승들이 이 화두를 참구하여 가장 도를 많이 깨쳤다는 '구자무불성狗子無佛性(개에게 불성이 없다)' 화두로 바꾸리라 작정합니다. 하지만 바꾸어 본들 별로 달라지는 것이 없습니다.

이렇게 스스로를 흔들어 공부방법을 바꾸다 보면, 염불정진의 힘, 선정의 힘이 생겨나기도 전에 방황만 합니다. 그러다가 마침내는 참선도 팽개치고 염불도 버리고 경전공부도 하지 않게 됩니다.

그러므로 스스로가 깊이 생각하여 한 가지 공부를 택한 다음에는 그 공부를 쉽게 이루겠다는 생각부터 버리십시오. 오히려 '나는 채찍을 맞아야만 움직이는 둔하디둔한 노마다'고 하면서, 스스로가 택한 공부를 꾸준히 밀고 나가야 합니다.

잘되든 잘되지 않든 흔들리지 말고 계속해야 합니다. 쉽게 되지 않겠지만 어렵기만 한 것도 아닙니다. 계속하면 점차로 힘이 생기고, 힘이 차츰 커지면 마침내 이루어집니다. 그야말로 '나도 하면 된다'는 마음으로 계속 익혀가면 꼭 이룰 수 있습니다. 이것이 바로 법의 세계, 진리의 세계인 법계의 원리입니다.

법계法界의 원리! 우리가 살고 있는 이 법계는 노력한 만큼 이루게끔 되어 있습니다. 그리고 꾸준히 계속하여 힘이 쌓이고 쌓이면 저절로 성취되게끔 되어 있습니다. 한마디로 '할 만큼 하고, 한 만큼 되게 되어 있는' 세계입니다.

그런데도 '나는 쉽게 이루겠다'고 해보십시오. 그것은 공연한 욕심일 뿐입니다. 공부든 사업이든 일이든, 많이 할 수 있고 그냥 잘되는 것이 아닙니다. 할 만큼 할 수 있고 될 만큼 될 뿐입니다.

할 만큼하고 될 만큼 되는 것! 바로 이것이 인과의 법칙입니다. 그러므로 사업을 하든, 직장에서 일을 하든, 불사를 하든, 일단 주어졌고 신중하게 선택을 한 일이라면 정성을 다해 그냥그냥 차근차근 쌓아가야 합니다.

결코 쉽게 빨리하겠다는 욕심으로 이제까지 쌓아온 것을 흔들지 마십시오. 스스로를 채찍질하면서 착실히 부지런히 해나가다 보면, 점점 향상의 길이 열리고 성취할 수 있게 됩니다.

그리고 새로운 일, 새로운 직장, 새로운 사업, 새로운 공부 등은 시절인연時節因緣이 무르익으면 저절로 찾아듭니다.

그런데 사업이나 직장을 때가 되지 않았는데도 자꾸만 옮기는 이들이 있습니다. 때가 되어 옮기면 저절로 잘 될 텐데, 흔들리는 마음 따라 직장을 옮기고 사업을 바꾸다 보면 점차 자신의 가치가 떨어지고 가진 돈마저 모두 다 탕진하게 되는 경우가 많습니다.

이러한 경우에 불교에서는 '시절인연'을 강조합니다. 시절인연을 기다리라고 합니다.

공부도 마찬가지입니다.

예를 들어, '관세음보살'을 열심히 찾던 사람이 선지식과 대화를 나누거나 경전을 보다가 앞뒤가 꽉 막히는 듯하면서, 이제까지 부르던 '관세음보살'이 온데간데없이 사라지는 경우가 있습니다. 그리하여 '앞뒤를 꽉 막는 그 문제'가 무엇인지를 파고들게 됩니다. 이렇게 되면 새로운 공부를 하지 않을 수 없습니다.

또 사업을 잘하고 있다가도, '이제는 이것이 아니라 저것이야' 하는 분명한 확신이 설 때가 옵니다. 그때가 새로운 사업을 전개시킬 시절입니다. 내가 그 일을 찾아가는 것이 아니라, 때가 되면 그 일이 저절로 나를 찾아오고 스스로 다가오는 것입니다.

만약 그렇지 않다면 지금의 사업, 지금의 직장, 지금의 공부, 지금의 생활에 한결같이 매진해야 합니다.

'보다 쉽게 해보았으면' 한다고 쉽게 되지 않습니다.

공연히 '이게 좋지 않을까? 저게 좋지 않을까?' 하는 분별심을 일으켜 지금의 자리를 흔들지 마십시오. 일부러 변화시키려고 하지 마십시오. 그것이 바로 망상이요, '나' 속의 마구니이니, 절대로 속지 말아야 합니다.

물론 간혹은 주위를 둘러보면 큰 노력 없이 쉽게 일을 성취하는 이들도 있습니다. 전생에 쌓아놓은 복이나 원력 덕분에…. 하지만 쉽게 된다고 하여 기뻐할 일은 아닙니다. 세상에서 쉽게 되는 일은 복을 까먹는 일 하나밖에 없습니다.

쌓았던 복을 까먹고 살 그때는 정말 편안합니다. 그 복 덕분에 쉽게 이룰 수가 있습니다. 하지만 일이 쉽게 이루어지면 인생을 진중하게 살고자 하지 않습니다. 곧, 정신적인 자세를 크게 그르치는 것입니다. 특히 「보왕삼매론」에서는 이를 매우 경계하고 있습니다.

"일이 쉽게 이루어지면 뜻이 가볍고 교만해지며, 뜻이 가볍고 교만하면 반드시 '나는 유능하다'고 칭찬하게 되느니라."

실로 우리들 주변에는 잘되면 교만해지고 안하무인 격이 되는 사람이 종종 있습니다. 이들은 자기만족, 자기 과시에 빠져 성실을 잃어갑니다. 쉽게 이루기 때문에 노력하지 않습니다. 특히 '교만한 마음으로 스스로를 자랑하고 자기를 내세우기 위해 남을 헐뜯는 자찬훼타계自讚毁他戒'를 범하게 되면, 그 자체만으로도 크나큰 업이 되는 것입니다.

교만은 우리의 인생을 착각 속에 빠뜨립니다. 착각은 나와 남을 함께 살리는 참된 도가 될 수 없을뿐더러, 자신의 삶을 망치는 일을 불러들입니다.

더욱이 남을 헐뜯고 나쁜 구렁텅이에 몰아넣으면서까지 자신을 찬탄하는 경솔한 교만을 부리게 되면, 나와 남을 함께 죽이는 최악의 업을 짓게 됩니다. 그래서 보살계에서는 이 자찬훼타계를 범할 때 불교교단에서 완전히 추출하는 엄한 벌로 다스리고 있습니다.

정녕 쌓아 놓았던 복을 다 까먹고 나면 돌아오는 것이 무엇입니까? 화禍입니다. 불행입니다. 고통입니다.

### 마음을 잘 쓸 때 일도 풀린다

이제 「보왕삼매론」은 우리에게 참으로 중대한 가르침을 내립니다.

"내 생각으로 일을 가늠할 수는 있지만 일은 업을 따라 이루어지는 것! 지금의 내 능력만으로 되는 것이 아니니라."

그렇습니다. 어떠한 일을 어떻게 하겠다고 생각하는 것은 자유입니다.

'이렇게 하면 되겠지', '이런 방법으로 하면 좋을 거야.'

하나의 일을 두고도 여러 가지로 생각은 할 수 있습니다. 하지만 그 일의 성취는 지금의 생각이나 노력만으로 되는 것이 아닙니다.

그럼 무엇이 일을 성취되도록 하는가? 업業입니다. 바로 업입니다.

업! 업은 인연업과因緣業果라는 단어 가운데 '인·연·업'의 줄인 말입니다. 인因은 씨앗이요 연緣은 씨앗을 심는 밭이며, 업業은 씨앗을 싹틔우고 결실을 맺게 하기까지의 노력입니다.

이렇게 인과 연과 업이 모이면 과果, 곧 결과라는 열매는 저절로 이루어집니다. 씨가 좋고 밭이 좋고 농사를 잘 지었으면 만족스러운 결실이 있는 것이요, 나쁜 씨를 나쁜 밭에 뿌렸거나 가꾸는 일을 소홀히 하였다면 수확이 나쁜 것이 정한 이치입니다.

그런데 「보왕삼매론」에서는 지금의 일이 성취되는 것을

'업' 때문이라고 하였습니다. 그 업은 일이 성취되는 바로 그 순간까지의 모든 노력을 지칭한 것입니다. 따라서 그 업은 눈에 보이는 현세의 노력만이 아니라, 보이지 않는 과거세의 노력까지 포함됩니다.

그렇다면 그 업은 정해진 것인가? 일이 성취되고 성취되지 않고는 이미 정해져 있는 것인가? 물론 아닙니다. 적어도 우리 불교에서는 이와 같은 운명론을 수용하지 않습니다.

불교에서는 지금의 삶의 자세, 지금 이 순간의 마음가짐에 의해 과거의 업을 변화시킬 수 있다고 가르칩니다. 그래서 '지금 이 자리'를 그 무엇보다 중요한 순간이요 장소로 생각합니다.

곧 '지금 이 자리'는 과거에 맺은 업을 푸는 것과 동시에 새로운 업을 만드는 자리입니다. 따라서 지금 이 자리에서 맺힌 업을 풀고 푼 업을 더욱 원만하게 만들 수도 있지만, 새로운 악업을 맺어 더 나쁜 상태로 빠져들 수도 있는 것입니다.

맺느냐? 푸느냐? 이는 오직 '지금 이 자리에서 내가 어떻게 하느냐'에 달려 있습니다. 눈앞의 이익을 생각하여 쉽게만 하고자 하면 매듭만 늘어날 뿐이요, 욕심을 비우고 착실히 일을 하면 복이 차츰 쌓여 점점 더 좋은 결실을 맺을 수가 있는 것입니다.

지금 하는 일이 잘 풀리지 않는다고 괴로워만 할 것이 아닙니다. '나도 남들처럼 노력했는데 왜 나만 되지 않는가?' 하며 한탄할 것도 아닙니다. 오히려 지금이 향상의 시기요, 성취의 씨〔因〕를 심고 환경〔緣〕을 조성하는 때입니다.

그것을 누가 합니까? 내가 해야 합니다. '나'의 마음가짐이 합니다. 내가 어떠한 마음가짐을 갖느냐, 내가 어떤 마음가짐으로 어떻게 주위를 받아들이느냐에 따라 업이 달라지기 시작합니다.

'지금 내가 받고 있는 결과〔果〕는 보이지 않는 나의 업 때문이다. 이렇게 하나를 풀었으니 그만큼 성취도 가까워졌으리라.'

이렇게 긍정적으로 생각하면서 과거의 업을 기꺼이 받고자 하고, 참회를 생활화하고, 마음을 넉넉하게 쓰면, 틀림없이 뜻한 바의 일을 성취할 수 있게 됩니다.

결코 잊지 마십시오. 지금의 내가 하는 생각과 선택, 감정과 관심거리들이 '나'의 새로운 삶을 만든다는 것을! 결코 우리의 마음가짐은 인과의 굴레 속에 얽매여 있는 것이 아닙니다. 업에 묶여있는 것이 아닙니다. 그 마음가짐은 자유로운 것입니다.

고요히 지난 업에 대한 과보를 받고 있는 지금 이 순간의 내 마음가짐에 대해 깊이 생각해 보십시오. 과연 지금 이 순간의 마음가짐이 무엇입니까?

바로 인이요 연이요 업입니다. 새로운 희망의 씨를 심고(因), 긍정적인 분위기와 환경을 조성하고(緣), 열심히 노력하는 자세를 만들어 내는 것(業)이 '나'의 마음가짐입니다.

어찌 지금의 마음가짐을 헛되이 할 수 있겠습니까? 그릇되이 흘러가도록 내버려 둘 수 있겠습니까?

그러므로 우리가 어떠한 일을 하고 있든, 이 순간의 마음을 잘 써야 합니다. 죽임이 아니라 살리는 마음가짐, 타락이 아니라 향상의 마음가짐을 가져야 합니다. 어떠한 경우에 처하더라도 마음을 잘 가져 살리는 길로, 향상의 길로 나아가도록 해야 합니다.

정녕 일이 잘 성취되면 누구의 것이 됩니까? 또 그 행복을 누리는 자는 누구입니까? 물론 '나'입니다. 그러므로 지금 이 자리에서의 '나'가 잘해야 하는 것입니다.

### 팔정도가 성취의 비결

그렇다면 과연 어떻게 일을 하는 것이 잘하는 것인가? 「보왕삼매론」은 다음과 같이 가르치고 있습니다.

"그러므로 대성인이 '일의 어려움을 안락으로 삼으라' 하셨느니라."

이 말씀은 부처님께서 가장 많이 가르침을 내린 팔정도八正道, 여덟 가지 바른 삶의 길로 풀이해 볼 수 있습니다.

① 정견正見 : 사견 없이 있는 그대로를 보라
② 정사正思 : 잘 생각하라
③ 정어正語 : 올바른 말을 하라
④ 정업正業 : 바르게 행동하라
⑤ 정명正命 : 바른 일, 바른 직업을 가져라
⑥ 정정진正精進 : 부지런히 노력하라
⑦ 정념正念 : 신념 속에서 마음을 잘 써라
⑧ 정정正定 : 마음을 고요히 하라

이상의 팔정도 가운데 정견·정사·정어·정업은 누구나 지켜야 할 기본적인 삶의 방법이며, 정명·정정진·정념·정정은 우리가 하는 '일'과 직결이 됩니다. 따라서 여기에서는 뒤의 넷을 살펴보고자 합니다.

바른 일, 바른 직업을 갖는 정명正命은 바른 생명유지의 방법입니다. 따라서 '나'의 능력과 주변의 환경을 잘 살핀 다음, '나'에게 맞는 직업이나 일을 선택해야 합니다.

이 선택이 중요합니다. 지금 하고 있는 일이 없다고 하여, 일이 쉽다고 하여, 일확천금이 눈에 보인다고 하여, 나 또는 남에게 해를 끼치는 일을 해서는 안 됩니다.

 부처님께서는 '죽이거나 상처를 입히거나 훔치거나 음행을 조장하거나 속이거나 술을 파는 등의 직업을 갖지 말라'고 하셨습니다.

 그럼 어떠한 일, 어떠한 직업을 택할 것인가? 기본적으로는 '나'를 향상의 길로 끌어 올리는 일을 택하는 것이 좋습니다. 그리고 더 좋은 것은 나와 남을 동시에 살리는 일입니다. 과연 그러한 일, 그러한 직업이 무엇인가? 의사나 교사가 되어야 살리는가? 아닙니다. 사회가 긍정하는 보편적인 직업은 모두 여기에 해당합니다.

 문제는 '나'의 자세입니다. '내가 어떻게 하느냐'에 달려 있습니다. 이기심과 명예와 눈앞의 이익에 대해 집착하고 얽매이면 그릇된 업을 짓게 되고, 이기심을 버리고 '할 바를 다 하면' 복덕이 쌓이기 마련입니다.

 그러므로 일을 하는 사람은 마땅히 할 바를 하면서 한결같이 나아가야 합니다. 그것이 정정진正精進입니다.

 그리고 정진을 할 때는 바른 신념〔正念정념〕 속에서 집중을 잘 하고 용심用心을 잘해야 합니다. 곧 내가 하는 일에 집중하면서 넉넉한 마음으로 남의 어려움을 이해하고, 어떤 때는 손해를 보는 듯이 베풀며 살라는 것입니다.

 이렇게 마음을 잘 쓰면서 일을 하면 차츰 복덕이 쌓이고 한없이 평안해집니다. 이 경지가 무엇입니까? 바로 팔정도의 마지막인 정정正定입니다.

이 정정의 자리에 이르면 참으로 평화로운 마음으로 일을 할 수 있습니다. 안락安樂! 평온한 즐거움. 불교적으로 이야기하면 법열法悅 속에서 살 수 있게 됩니다. 그리고 하는 일마다 성취하지 못할 것이 없습니다.

왜입니까? 정정이 되고 나면 다시 팔정도의 첫 번째인 정견을 한 단계 높이 끌어 올립니다. 곧 고요한 물에 사물이 있는 그대로 비치듯이, 평화로운 마음으로 세상을 보면 있는 그대로를 볼 수 있게 되고, 있는 그대로를 봄으로써 좋고 싫은 것, 기쁨과 슬픔 속에서 흔들림 없이 살아갈 수 있게 되기 때문입니다.

정견! 바로 보는 삶. 집착 없이 망상 없이 있는 그대로를 바라보는 삶. 이 삶이 되면 저절로 바르게 생각할 수 있고〔正思〕, 거짓된 말·비굴한 말·남의 마음을 상하게 하는 말·기이한 말을 하지 않게 되며〔正語〕, 살생·도둑질·삿된 음행 등의 나쁜 짓을 하지 않게 됩니다〔正業〕.

나아가 사업·직장·불사·봉사 등의 각종 일을 올바로 선택하여〔正命〕, 어려움을 극복하며 꾸준히 정진하고〔正精進〕, 그 정진 속에서 마음을 잘 쓰며 살아가게 되며〔正念〕. 마침내는 평온한 즐거움을 이루며 사는 정정正定의 삶을 성취할

5. 쉽게 되기를 바라는가 111

수 있게 되는 것입니다. 바로 이 팔정도가 우리 불자의 삶이 아니고 무엇이겠습니까?

결코 일을 쉽게 이루고자 하지 마십시오. 어떠한 일이든 인연 속에서 할 만큼 하고 될 만큼 됩니다. 이것이 중도中道입니다.

이것을 명심하고 일을 하면 우리의 하는 일은 언제나 향상向上과 연결되며, 그 일 속에서 경력이 쌓이면 그릇된 업이 녹고 복덕이 쌓입니다. 그리고는 마침내 평온한 즐거움, 곧 안락을 누리게 됩니다.

그날까지, 적어도 한 경지를 이룰 그때까지, 교만을 떠난 둔마가 되어 참고 지키고 베풀면서 잘 정진하시기를 당부드리고 또 축원 드립니다.

나무마하반야바라밀.

# 6. 서로를 살리는 정을 나누며

정을 나누되 나에게 이롭기를 바라지 말라.     교정불구익성 **交情不求益成**
나의 이익을 바라며 정을 나누면     정익아즉 **情益我則**
도의를 잃게 되고     휴실도의 **虧失道義**
도의를 잃게 되면 반드시     휴도의심 **虧道義必**
그릇됨을 드러내게 되느니라.     견인지비 **見人之非**
정의 근본을 잘 살펴볼지니     찰정유인 **察情有因**
정은 억지로 되는 것이 아니다.     어정난강 **於情難強**
정은 인연을 의지할 뿐이니     정내의연 **情乃依緣**
그러므로 대성인이     시고대성화인 **是故大聖化人**
'순결로써 밑거름을 삼으라' 하셨느니라.     이폐교위자량 **以弊交爲資糧**

## 순수한 정과 이기적인 정

인정 많은 우리나라! 오늘날은 이 땅의 인정人情이 상당히 희박해졌지만, 수십 년 전까지만 하여도 인정이 흘러넘쳤습니다.

 이 땅의 사람들은 부모·자식·부부·형제·친척들 사이에서만이 아니라, 친구나 이웃과도 인정을 나누며 살았고, 모르는 사람일지라도 어려움에 처하는 것을 보면 인정을 발휘하기를 주저하지 않았습니다. 우리 한민족은 참으로 의리 있고 인정이 많은 민족이었습니다.

 하지만 오늘날은 많이도 변했습니다. 물질문명 물질 만능의 사고방식이 생활화된 탓인지, 핵가족화로 서로가 의지하는 인간관계가 좁아진 탓인지, 인정은 차츰 메말라가고 정情의 폭도 더욱 좁아지고 있습니다.

 참으로 이것이 문제입니다. 정情이 문제가 아니라, 정이 메말라가고 정의 폭이 좁아지는 것이 문제입니다. 갈수록 이기적이 되면서 '나'의 집안, '나'의 굴레만을 감싸 안는 것이 문제입니다.

 우리는 유정물有情物입니다. 특히 불교에서는 우리들 중생을 일러 '유정有情'이라고 합니다. 돌이나 흙과 같은 무정물無情物이 아니라, 원래부터 정이 있는 존재요 정을 나누며 살아야 하는 존재가 '우리'라는 것입니다.

 그렇다면 정情이 무엇입니까? 정은 마음의 근원에서 우러나오는 사랑입니다. 새롭게 돋아나는 푸른 싹과 같은 사랑이 정입니다. '정情'이라는 글자 그대로, '푸른〔青〕 마음〔忄=

心´, 맑은 마음으로 나누는 사랑입니다.

곧 정을 나눔은 사랑을 나누는 것이며, '정이 풍부하다'는 말은 사랑이 풍부하다는 말이 됩니다. 그러므로 여기에서는 '정'이라는 단어와 함께 모든 사람들이 참으로 좋아하는 '사랑'이라는 단어를 많이 쓰면서 글을 엮고자 합니다. 「보왕삼매론」은 이 정에 대해 다음과 같이 시작합니다.

"**정을 나누되 나에게 이롭기를 바라지 말라.**"

이는 '나'의 이익을 바라는 마음 없이 정을 나누라는 말씀입니다. '나'의 이익을 바라는 마음. 그것은 곧 이기심이며, 그와 같은 이기심을 버리고 순수하게 정을 나누라는 것입니다.

인간의 근본 성품 가운데 하나인 정은 참으로 소중한 것입니다. 순수한 정으로 서로가 서로를 아끼고 가꾸고 좋아하며 살아 보십시오. 이 정이 서로를 살려내고, 뭇 사람들을 감동시킵니다.

이기심을 버리고 서로를 위하는 정을 나누며 살면 마음이 얼마나 흐뭇하고 평화롭고 좋겠습니까? 그러나 세상살이란 꼭 그러한 것만이 아닙니다. 이 정에 이기심이 붙어 잘못 흐를 때는 큰 문제를 야기합니다.

"**나의 이익을 바라며 정을 나누면 도의를 잃게 되고, 도의를 잃게 되면 반드시 그릇됨을 드러내게 되느니**

라."

「보왕삼매론」의 말씀처럼 정을 나눔이 이기적으로 흐르고 욕심 따라 흐를 때는 먼저 도의道義부터 잃게 됩니다. 도의가 무엇입니까? 도의는 사람이 응당 행하여야 할 도덕상의 의리이며, 이 의리는 당연히 지켜져야 합니다.

하지만 모든 것을 '나' 쪽으로 끌어당기는 이기심은 인정사정이 없습니다. 사랑도 은혜도 의리도 최소한의 예절도 이기심으로 짓밟아 버리고 '나'의 욕심만을 충족시키려 합니다. 그리하여 마침내는 갖가지 사건을 일으키고, 자신뿐만이 아니라 주위의 사람들까지 파멸의 길로 몰아넣습니다.

근래에 경주에 아주 신비할 정도로 의술이 뛰어난 한의사가 있었습니다. 아무리 고치기 힘든 난치병이라도 이 의사에게 치료를 받으면 며칠 만에 거뜬히 낫는 명의였습니다. 그러니까 자연히 많은 돈을 벌 수 있었습니다. 하지만 재물에 대한 집착에 사로잡혀 있었던 그는 돈을 모으기만 할 뿐 쓸 줄을 몰랐습니다.

큰아들인 그가 돈을 아끼느라 어머니를 봉양하지 않았으므로, 가난한 작은아들이 어머니를 모시고 살았습니다. 어느 때 어머니가 병이 심하게 들자, 작은아들은 어머니를 업고 형님을 찾아갔습니다. 어머니를 진맥하며 머리를 끄덕이는 형에게 아우는 물었습니다.

"어머니의 병명이 무엇인지요? 고칠 수 있겠습니까?"

"좀 어려운 병환이긴 하지만 고칠 수는 있지. 그런데 너, 돈은 가지고 왔느냐?"

"무슨 돈을 말씀하십니까?"

"어머니 약값 말이다. 약값은 내어야 할 것이 아니냐?"

"아니 형님! 아무리 돈이 좋다 해도 어머님께서 병환으로 괴로워하시는데 약값을 달라고 하십니까?"

"약값을 안 내면 안 된다. 다시 모시고 집으로 가거라."

아우는 너무 기가 막히고 어이가 없고 화가 치밀어 올라 어머니를 다시 업고 가면서 욕을 퍼부었습니다.

"사람의 탈을 쓰고 어찌 그런 짓을 할 수가 있소?"

그 모습을 지켜보고 있던 의사 부인도 남편의 하는 짓이 인간의 행위로 보이지 않았습니다. 단박에 뭐라고 욕이라도 해주고 싶었지만 꾹 참고 한 가지 꾀를 냈습니다. 그날 저녁, 부인은 진수성찬을 마련하여 전에 없이 친절하게 밥상 시중을 들다가, 남편의 마음이 누그러진 틈을 타서 은근히 물어보았습니다.

"대관절 어머님 병명이 무엇입니까? 혹 중환이라도 드신 것은 아닙니까?"

"중환은 아니지만 그 병은 내가 아니면 고치지 못할걸. 제까짓 녀석이 어머니를 모시고 돌아는 갔지만 돈을 가지고 다시 오지 않을 수 없을 거야."

부인은 또 기회를 틈타 슬쩍 물었습니다.

"어머니 병환엔 무슨 약을 써야 하길래 당신이 아니면 못 고친다 하십니까?"

큰아들은 부인이 살살 꾀는 바람에 무심결에 병 이름, 약방문을 다 가르쳐주고 말았습니다. 부인은 수십 년 동안 남편 곁에서 약을 말리거나 술에 찌는 등의 법제法制를 거들어왔기 때문에 한 번 듣고 다 알 수가 있었습니다. 이튿날 아침, 그녀는 남편이 화장실에 간 틈을 타서 직접 약을 조제하여 시어머니께 갖다 드렸습니다.

자기 아우가 돈을 가지고 다시 와서 약을 지어갈 줄로 믿고 있었던 큰아들은 며칠이 지나도 소식이 없자 궁금증을 이기지 못해 사람을 시켜 알아보았습니다. 그 결과, 어머니가 병이 나아 걸어 다닌다는 것이었습니다.

'어머니의 그 병환은 내가 아니면 고칠 수 없는 병환인데 어떻게 나았을까?'

곰곰이 생각한 끝에 범인이 자기 부인임을 알게 된 그는 크게 분노하여, 아내의 아혈啞穴이라는 경락經絡에 침을 놓아 말을 할 수 없게 만들었습니다.

８

이상은 실제로 있었던 일입니다. 아무리 돈 욕심이 많다고 할지라도, 어떻게 낳아주고 길러주신 어머니의 병을 '돈을 받지 않으면 치료해주지 않겠다'고 할 수 있으며, 어머니의 병을 자기 몰래 고쳐 드린 것에 분노하여 아내를 벙어리로 만들어 놓을 수 있습니까?

하지만 이와 같은 일은 예상 밖으로 자주 일어납니다. 이기심을 곤두세워 욕심의 포로가 되어 버리면 상식을 벗어난 잘못을 저지르게 되는 것입니다. 그러므로 정을 나누고 사랑을 할 때는 무엇보다도 이기심을 잘 다스려야 하며, 이기심을 잘 다스리지 못하면 남의 불행은 물론이요, 자신도 마침내는 지옥고地獄苦를 면치 못합니다.


### 참회하며 사랑하라

이제 스스로를 되돌아보십시오. 우리의 정과 사랑에 이기심이 어느 정도로 작용하고 있는지를?

사실 우리는 가족 관계가 아닌 다른 사람들과 정을 나누거나 사랑을 하기 전에, '저 사람이 나에게 맞는가? 맞지 않는가?'부터 먼저 살핍니다. 그리하여 '나에게 맞다' 싶으면 사랑의 감정을 일으킵니다.

엄격히 말하면, 사랑은 '나에게 맞다'는 이기심으로 시작하게 되며, 시작을 이기심으로 하였기 때문에 이기적인 틀에서 벗어나기가 쉽지 않습니다.

하지만 우리는 사랑과 정을 통하여 이기적인 틀을 벗어버려야 합니다. 나의 교만, 나의 고집, 나의 애착, 나의 어리석음을 벗게 만드는 것으로 사랑보다 더 좋은 것이 없기 때문입니다.

실로 사랑이 무엇이며 정이 무엇입니까? 왜 우리는 그토록 사랑을 좋아하고 정을 나누는 것을 좋아합니까? 바로 사랑이 서로를 살리는 것이기 때문입니다. 자리이타自利利他 자각각타自覺覺他! 나도 이롭고 남도 이롭게 하는 것이 사랑이요, 나도 깨어나고 남도 깨어나게 하는 것이 사랑이기 때문입니다.

일찍이 저는, '사랑은 살리는 것이요, 사랑이 아니면 할 일이 없다'고 생각하였습니다. 그래서 '서로를 살려가는 사랑을 하며 살겠다'는 원을 세웠으며, 지금도 그렇게 살기 위해 나름대로 노력하고 있습니다. 특히 가까운 이를 향한 무조건적인 참회를 잊지 않고 행합니다.

'잘못했습니다.' 누가 먼저 잘못했고 누가 감정을 상하게 했건, 무조건 '잘못했습니다.'라고 합니다. 겉으로 내뱉기가 마땅치 않을 때는 속으로 외치십시오.

'잘못했습니다. 제가 잘못했습니다.'라고….

그리고 믿고 이해하고 사랑하면서 행복을 기원해야 합니다.

사람과 사람의 만남, 그리고 그 사이에서 움트는 정과 사랑! 사실 이것은 직접 감지할 수 있는 이 생生의 인연보다는, 지금의 우리가 알 수도 볼 수도 없는 지난 생의 인연이 더 크게 작용합니다. 그래서「보왕삼매론」에서는 이를 상기시키고 있습니다.

"정의 근본을 잘 살펴볼지니, 정은 억지로 되는 것이 아니다. 정은 인연을 의지할 뿐이다."

정, 그리고 사랑. 이것의 실체는 무엇입니까? 이것의 모습은 어떠합니까?

정과 사랑은 실체가 없습니다. 고유한 모습이 없습니다. 인연 따라 움직일 뿐입니다. 좋은 인연으로 가꾸면 좋은 모습을 나타내고, 나쁜 인연으로 가꾸면 큰 상처만을 남깁니다. 그야말로 하기 나름인 것이 사랑입니다.

더욱이 사랑과 정은 억지로 되는 것이 아닙니다.

우리는 과거의 여러 생 동안 맺은 인연에 의지하여 정과 사랑을 나눕니다. 그렇기 때문에 지금의 마음과 같이 되지를 않습니다. 한결같이 서로를 살리고, 향상되게 하고, 기쁨을 나눌 수가 없습니다. 때로는 사랑이 우리를 너무나 괴롭힙니다. 정이 우리를 너무나 피곤하게 만듭니다.

그러나 여기에서 사랑을 버려서는 안 됩니다. 정을 단절해서는 안 됩니다. 이러한 사랑의 고통은 오히려 너무나 당연한 현상이기 때문입니다. 곧 마음이 많이 가는 사이일수록, 인연이 깊을수록, 떼려야 뗄 수 없는 관계를 지닌 사이일수록 문제가 많을 수밖에 없습니다.

왜냐하면 지금뿐만이 아니라 오래오래, 그야말로 다생다겁 동안 함께 하면서 사랑과 정이라는 이름으로 서로의 마음에 상처를 준 일이 적지가 않았고, 그 마음의 맺힘을 풀지 못한 채 금생에까지 이르렀으므로, 가끔씩 또는 자주자주 서로를 아프게 하는 것입니다.

그러므로 가까이 정을 나누고 사랑을 나누는 부모·자식·형제·친척·친구 사이일수록, 지금의 원활하지 못한 현실을 싫어하지만 말고 참사랑을 이루는 비결인 참회를 잘 할 줄 알아야 합니다.


### 사랑의 참회법과 축원법

이제 참사랑을 이루고 진정眞情을 이루는 참회의 방법을 함께 살펴보도록 합시다. 그 방법으로 여기에서는 두 가지 참회법을 제시하고자 합니다.

첫째는 '절'을 통한 참회법입니다.

일상적으로 행하는 기도나 예불이나 염불을 하고 난 다음, '나'의 마음에 걸리는 부모나 남편·아내, 아들·딸 등을 향해 3배를 올리십시오. 부처님께 절을 하듯 정성껏 하십시오. 물론 그 당사자 앞에 가서 하라는 것은 아닙니다. 그쪽을 향해 몸을 돌려서, 또는 그 모습을 떠올리면서 절을 하라는 것입니다.

① 3배의 첫 번째 절을 할 때는 참회와 감사의 말을 속으로 세 번씩 하십시오. '나'보다 손위이거나 비슷한 위치에 있으면 '○○시여, 잘못했습니다. 잘못했습니다. 잘못했습니다. 감사합니다. 감사합니다. 감사합니다.' 하고, 손아래이면 정을 흠뻑 담아 '○○이여, 잘못했습니다. 잘못했습니다. 잘못했습니다. 고맙습니다. 고맙습니다. 고맙습니다.'라고 합니다.

② 두 번째 절을 할 때는 보편적인 축원을 해주십시오.
'자비하신 불보살님! ○○이 항상 건강하옵고 ○○의 뜻하는 바가 이루어지게 하옵소서.'
이 축원을 세 번 해주면 됩니다.

③ 세 번째 절을 할 때는 ○○을 위해 특별히 기원할 사항, 예를 들면 시험·결혼·승진 등이 꼭 이루어질 수 있게 기원하십시오.

④ 그리고 3배 후 마지막 반배(유원반배)를 하면서,

'불보살님, 감사합니다. 부처님 잘 모시고, 불법승 삼보를 잘 받들며 살겠습니다.' 하고 끝맺습니다.

불보살님을 의지하여 '나'의 죄업을 참회받음으로써 평안을 얻는 간접적인 방법보다, 상대를 향해 직접 행하는 이 참회법의 효과는 기대 이상으로 큽니다.

그리고 얼마만큼의 기간 동안 해야 하는가를 묻는 이들이 많은데, 상대에 대한 '나'의 감정이 완전히 풀어지고 서로가 평화로움을 느낄 때까지 매일 한 차례씩 꾸준히 해야 합니다. 기도나 염불은 부득불 못하게 될지라도 이 참회만은 꼭 하여야 합니다.

보이지 않는 곳에서 하는 절이니만큼, '나'와 비슷한 위치에 있는 사람이나 손아래의 자식이라고 하여 절을 하지 못할 이유가 없습니다. 오히려 동격이요 손아래이기 때문에, 자존심을 버리고 보이지도 감지할 수도 없는 업장을 참회해야 합니다.

참회를 할 때는 절대로 자존심을 부리면 안 됩니다. 무조건 '잘못했다'고 할 수 있어야 합니다. 깊은 정으로 사랑을 나누어야 할 사이에서 문제가 생겼다면, 꼭 이 방법으로 참회를 해 보시기를 당부드립니다.

둘째는 '관상'을 통한 참회입니다.
① 상대가 있는 쪽을 향해 단정히 앉아(의자에 앉아도 좋음), 길게 호흡을 하면서 상대에게 잘못했던 일을 생각합니다. 그리고 그 잘못을 정확하게 인정하고 상대의 모습을 떠올리면서 속으로 '잘못했습니다'라는 말을 계속해서 염송을 합니다. 이때 천주 또는 108염주를 한차례 돌리면서 '관세음보살' 등의 명호를 부르며 '잘못했다'고 하는 것도 좋은 방법입니다.
② 이렇게 5~10분 정도 참회를 한 다음, 자신의 정수리 위쪽 허공에 스스로가 의지하는 부처님이나 관세음보살·지장보살 등의 불보살님이 자비광명을 발하면서 앉아계신 모습을 떠올립니다.
③ 이러한 관상觀想이 이루어지면 숨을 길게 내쉬면서 불보살님의 자비광명, 곧 평화와 행복과 환희와 지혜와 사랑의 빛, 그리고 '나' 속의 가장 좋은 기운들을 상대에게 보내십시오. 내쉬는 숨을 통해 상대에게 보낸다고 생각하는 것입니다.
④ 반대로 숨을 들이켤 때는 상대의 고통과 스트레스와 나쁜 업의 기운을 빨아들이는 것을 관상하면 됩니다.
이렇게 들숨 날숨을 반복하면서 상대에게 좋은 기운을 불어 넣어주고 상대의 나쁜 기운을 뽑아내는 것을 설명하다

보면, 심각하게 묻는 이들이 있습니다.

"좋은 기운을 상대방에게 보내는 것은 이해를 하겠는데, 좋지 않은 기운을 빨아들인다는 것은 이해가 되지 않습니다. 내가 상대의 나쁜 기운을 빨아들이다 보면, 나 자신 속에 탁한 기운이 넘치게 되는 것이 아닙니까?"

물론 당연히 우려가 되는 점일 것입니다. 하지만 조금도 걱정을 하지 않아도 됩니다. 왜냐하면 이것이야말로 '진정한 자비의 실천'이기 때문입니다.

대자비 그 자체이신 관세음보살님이나 지장보살님을 생각해 보십시오. 그분들이 그토록 크나큰 능력을 갖출 수 있었던 것은 남의 고통을 자신의 일처럼 슬퍼하고 함께 아파하는 마음을 가졌기 때문이었습니다. 이를 상기한다면, 상대의 나쁜 기운을 받아들이는 것에 대해 조금도 우려할 필요가 없으며, 그와 같은 대비심을 가질 때 평화와 행복과 사랑의 기운이 나에게로 모여드는 것입니다.

더욱이 우리가 관상을 하며 자비광명을 보내어주고 나쁜 기운을 뽑아내어주는 상대가 누구입니까? '나' 자신과 인연이 매우 깊은 사람, 사랑을 주고받는 사람이지 않습니까?

숨을 들이켜면서 상대의 괴로움을 떠맡고, 숨을 내쉬면서 상대에게 평화와 행복과 기쁨과 깨달음을 주는 이 관상법이야말로, 나와 남이 함께 이롭고 함께 살아나고 함께 깨달음을 이루는 고귀한 참회법이라 하지 않을 수 없습니다.
 아울러 첫 번째 참회법과 두 번째 참회법을 함께 행하면 더욱 효과적이라는 것도 밝혀둡니다. 만약 사랑하는 사람에게 문제가 있거나 서로가 풀어야 할 매듭이 있다면 꼭 이 방법대로 해보십시오. 틀림없이 큰 변화가 있을 것입니다.


### 인연의 토대 위에서 향상의 길로
 실로 정이나 사랑은 고유한 실체를 지닌 것이 아닙니다. 인연의 법칙 따라 움직일 뿐입니다. 그런데도 우리는 사랑과 정이라는 이름에 매달려 많은 기대를 합니다. 그 속에 빠져 편안해지고자 하고 기쁨을 느끼고자 합니다.
 그러나 표면적인 사랑의 달콤함과는 달리 그 밑에 흐르고 있는 인연의 법칙은 너무나 냉엄합니다. 한 치의 오차도 없습니다. 오히려 사랑하고 깊은 정을 주고받는 사이라고 하여 함부로 하였다가는 예상 밖의 무서운 업보로 시달리게 됩니다.
 따라서 우리는 '나'의 바탕이요 현실이기도 한 지금의 인연을 발판으로 삼아 한 걸음 한 걸음 향상의 길로 나아가야 합니다. 이 향상의 방법을 불교의 유식학唯識學에서 천명하는 '삼상三相'으로 풀이해 보고자 합니다.

삼상은 우리 인간의 존재하는 모습을 크게 세 가지 유형으로 구분한 것으로 다음과 같습니다.

① 원성실상圓成實相 : 원만하고〔圓〕 성취되어 있고〔成〕 진실한〔實〕 것
② 의타기상依他起相 : 다른 것과 서로 의지하여〔依他〕 생겨나는〔起〕 것
③ 변계소집상遍計所執相 : 집착하는 바〔所執〕를 따라 이렇게 저렇게 두루〔遍〕 헤아리고 분별하는〔計〕 것. 곧 허망분별상虛妄分別相.

이 셋 가운데 인간관계의 기본적인 모습은 ② 의타기상依他起相이며, 이것은 곧 인연법입니다. 인간은 혼자가 아니라, 다른 것과의 관계 속에서 살아가야 한다는 가르침입니다.
그런데도 어떠한 사람들은 이러한 인연법을 잊고 자꾸만 ③ 변계소집遍計所執 쪽으로 빠져듭니다. 자기의 집착과 이기심에 빠져 끝없이 번민하고 망상을 일으키며 살아가는 것입니다.
또 드물게는 현재의 인연을 발판으로 삼아 원만·성취·진실의 ① 원성실圓成實 쪽으로 나아가기도 합니다.
기본인 ② 의타기에서 ③ 변계소집으로 나아가는 것은 타

락의 삶이요, ② 의타기에서 ① 원성실로 나아가는 것은 향상의 삶입니다. 사랑도 정을 나눔도 마찬가지입니다.

사랑에 집착을 하여 갖가지 망상을 일으키게 되면 그것은 살리는 사랑이 아니라 죽이는 사랑이요 괴로움이지만, 정성을 다해 인연을 소중히 가꾸고 문제가 있을 때는 참회를 하여 원만·성취·진실을 이루어 나가면, 서로가 서로를 살리는 사랑이요 향상의 사랑이 되는 것입니다.

과연 우리는 어떠한 사랑을 할 것입니까? 물론 원성실의 사랑을 하고자 할 것입니다. 하지만 원성실의 사랑은 그냥 이루어지는 것이 아닙니다. 정성만으로 되는 것도 아닙니다. 적어도 한 가지는 꼭 새겨야 합니다.

그것은 '사랑이라는 이름 속에 집착을 불어넣지 말라'는 것입니다. 상대를 '나'의 마음대로 움직이고자 하거나 '나'의 것으로 만들려고 해서는 안 됩니다. 사랑에 집착을 하고 상대를 '나'의 것으로 만들려고 하면 반드시 도의를 잃어 삿된 길로 빠져들게 됩니다. 그래서 「보왕삼매론」은 정과 사랑에 대한 다음과 같은 결론을 맺었습니다.

"그러므로 대성인이 '순결로써 밑거름을 삼으라' 하셨느니라."

참으로 소중한 가르침이라 하지 않을 수 없습니다. 설혹 마음은 아프고 힘들지라도 사랑에 대한 집착, 정에 대한 기대는 놓아버려야 합니다. 집착 없는 순수한 마음, 순결한 마음으로 믿고 이해하고 긍정하면서 서로를 살리는 사랑을 하며 살아야 합니다.

그리고 문제가 생기면 정성껏 참회를 하면서 기다릴 줄 알아야 합니다. 집착을 참회로 바꾸고, 사랑의 근심을 상대에 대한 축원祝願으로 바꾸어 보십시오. 참회를 통하여 맺힌 업이 풀리면 저절로 사랑의 장애가 사라지고, 축원에 힘이 생기면 저절로 좋은 인연을 나누며 원만·성취·진실한 원성실圓成實의 길로 나아가게 됩니다.

정! 그리고 사랑! 이 얼마나 좋은 단어입니까? 한번 속으로 외쳐 보십시오. '믿는다·이해한다·사랑한다'고.

부디 법에 맞게 사랑을 하여 서로가 서로를 살리는 사랑을 널리 실천하게 되기를 축원 드립니다.

나무마하반야바라밀.

# 7. 남이 순종하기를 바라는가

남이 내 뜻대로 순종해주기를 바라지 말라.    어인불구순적<br>
**於人不求順適**

남이 내 뜻대로 순종하면    인순적즉<br>
**人順適則**

안으로 자긍심에 빠져들게 되고    내심자긍<br>
**內心自矜**

안으로 자긍심에 빠져들면 반드시    내자긍필<br>
**內自矜必**

내가 옳다고 고집하게 되느니라.    집아지시<br>
**執我之是**

깨달은 이의 처세는    오인처세<br>
**悟人處世**

사람들의 허망한 행위를 관觀하면서    관인망위<br>
**觀人妄爲**

그냥 무심하게 주고받을 뿐이다.    인단수보<br>
**人但酬報**

그러므로 대성인이    시고대성화인<br>
**是故大聖化人**

'거역하는 이를 원림으로 삼으라' 하셨느니라.    이역인위원림<br>
**以逆人爲園林**

## 인간관계의 흐름

「보왕삼매론」 제7번째 가르침은 사랑하는 이를 포함한 사람과 사람 사이의 관계를 어떻게 가져야 하는지에 초점을 맞추고 있습니다. 여기에서는 평범한 인간관계보다는, 사랑하는 아들딸·배우자·연인·친구 등과의 관계를 중심에 두고 살펴보고자 합니다.

이 세상을 살아감에 있어 인간관계는 참으로 중요합니다. 인간관계가 원만하여야 잘 살 수 있고 편히 살 수 있기 때문입니다. 그래서인지 대부분의 사람들은 원만한 인간관계, 온전한 인간관계를 희구합니다.

그런데 사람들을 대하다 보면, 스스로가 원만하고 온전한 인간관계를 맺기 위해 노력하기보다는, '나'에게 잘해주고 편안하게 해줄 상대를 찾는 일에 몰두하고 있으며, 상대방을 통하여 불만족스럽고 불충분한 '나'를 채우고자 갈망한다는 것을 느낄 때가 있습니다.

하지만 돌이켜 살펴보십시오. 인간관계 속에서 완전한 만족을 경험한 일이 있습니까? 사랑을 통하여 정신적·육체적·물질적인 부족을 모두 해결한 일이 있습니까? 만일 '그렇다'고 답할 수 있는 이가 있다면 참으로 행복한 사람일 것입니다. 하지만 대부분의 사람들은 그렇지 못합니다. 남편·아내·친구·연인이라 한들 크게 다를 바가 없습니다.

물론 내가 바라던 사람, 마음에 맞는 사람을 만나면 처음에는 그지없이 좋습니다. 따스하고 즐겁고 편안하고 부드럽고 달콤합니다. '참으로 좋은 사람을 만났다'는 생각과 함께 행복감을 만끽합니다.

그러나 시간이 흐르면서 좋던 인간관계는 차츰 손상이 됩니다. 상대에 대한 '나'의 기대가 붕괴되면 갈등과 불만이 생겨나기 시작하고, 마침내는 말다툼을 하거나 증오심을 품은 채 갈라서기까지 합니다.

왜 이런 결과가 오는 것일까요? 사랑과 정을 나누며 서로를 살리고 좋은 관계를 유지하면 좋을 텐데, 왜 부정적인 인간관계로 끝나는 것일까요? 왜 즐겁고 행복했던 만큼이나 고통을 받고 괴로워하며 멀어지는 것일까요?

그것은 출발이 잘못되었기 때문입니다. 그 출발이 자존심과 이기심, 곧 에고ego에서 시작되었기 때문입니다. 솔직히 스스로에게 물어보십시오. 왜 사랑을 하며, 왜 '나'에게 맞는 사람을 찾느냐고?

외롭기 때문에 함께 할 사람을 찾고, 모자라기 때문에 채워줄 사람을 찾습니다. 나의 고독을 달래고 부족을 충족시키기 위해 사랑을 합니다. 스스로를 완전하게 만들고자 하는 나의 강한 의지력이 작용하고 있는 것입니다.

하지만 에고ego, 곧 이기적인 '나'는 고무풍선으로 막을 형성하여 나를 그 안에 가두어 버립니다. 벽으로 둘러싸인 방 속에다 나를 몰아넣어 자유롭지 못하게 만듭니다. 이기적이기 때문에 속에 갇히는 것이고, 자존심 때문에 자유롭지 못하게 됩니다.

　이렇게 갇혀 있으면 혼자만의 공상이나 망상이 많아지고, 두려움과 불안에 빠져듭니다. 그리고 쉽게 상처를 받고 쉽게 상처를 줍니다.

　동시에 갇혀 있는 이기적인 나는 '내가 존재하고 있다'는 느낌을 갖기 위해, 언제나 자신을 새롭게 확인시켜줄 사람을 찾아 헤맵니다. 그러다가 지위·재산·외모·직업·종교·생각 등이 나의 이상에 맞고 나를 인정해주는 이가 있으면 강한 충동력을 느껴 마음이 그 사람에게로 흘러가고, 그를 나의 사람으로 만들고자 노력합니다.

　물론 처음에는 그 사람이 '나'의 문제를 해결해주고, '나'의 욕구를 충족시켜줄 듯이 느껴질 것입니다. 그러나 '나'에게는 어떤 사람도 지속적인 충족감을 주지 못합니다. 충족감을 얻지 못한 나는 불만을 갖게 되고, '나와 맞지 않는다'며 그를 떠나갑니다.

　결국 다시 외톨이가 된 나는 끊임없는 망상과 공상에 빠져들면서, 더욱 두렵고 더욱 불안한 존재로 전락합니다. 그리고 한동안을 괴로움 속에서 지내다가, 또다시 나를 충족시켜주고 나를 이해해주는 사람을 찾는 여행을 떠납니다.

　왜? 나쁜 사람이면 몰라도, 분명히 나쁘지 않은 사람인데도 만족할 수가 없고 마음 아파하며 돌아서는 까닭이 무엇일까요?

그 원인은 '나'의 이기적인 충동력 때문입니다. 이기적인 충동력으로 인간관계를 형성한 다음, 나에게 맞기를, 나에게 순종하기를, 나를 거스르지 않기를 바라기 때문입니다.

곧 대부분의 인간관계는 '나'의 부족을 충족시키겠다는 이기적인 충동력으로 상대를 끌어당기는 것이요, 끌어당긴 다음에 '나'의 뜻대로 하고자 하니 어떻게 좋은 결과가 돌아오겠습니까?

이기적인 충동력! 이 충동력을 불교에서는 무명업력無明業力이라고 합니다. '어두운 업業의 충동력'이라는 뜻입니다. 무명업력으로 시작된 인간관계는 끝없는 집착과 망상 속에서 갖가지 사건을 일으키다가, 마침내는 관계의 소멸로 끝을 맺습니다. 또다시 어두운 업만을 남긴 채….


### 다른 이의 순종을 바라지 말라

정녕 우리가 진정한 인간관계를 형성하고 참된 사랑을 이루기를 원하면 먼저 '나'의 벽을 허물어야 합니다. 이기적인 '나'의 벽을 부수어야 합니다.

벽 속의 인간과 벽 바깥의 인간이 별종입니까? 고무풍선 안의 공기와 고무풍선 밖의 공기가 다른 것입니까? 아니라는 것은 누구나 알고 있습니다. 그런데도 갇혀 있기 때문에 그 이기적인 '나'를 바꾸려고 하지 않습니다.

만일 그 풍선을 터뜨린다면 어떻게 되겠습니까? 그 순간부터 풍선 속의 공기는 그냥 그대로 풍선 밖의 공기와 하나가 됩니다. 하나가 되어, 마냥 두려움 없이 자유롭고, 불안감 없이 행복한 인간관계를 형성할 수 있게 됩니다.

불교에서는 이 세속적인 인간관계의 형성을 '의타기依他起'라고 합니다. 다른 사람(他)과 서로 의지(依)하는 관계 속에서 서로가 있게 된다(起)는 것입니다. 또 '인연소기因緣所起'라고 합니다. 인因과 연緣이 합하여져서 일어나는바(所起)가 인간관계라는 것입니다.

인연因緣! 인연이 무엇입니까? 인은 근원이요, 연은 인을 감싸는 환경입니다. 인은 씨, 곧 나의 마음가짐이요, 연은 밭, 나를 받아들여주는 상대의 모든 것입니다. 그런데 나의 입장에서 볼 때는 내가 씨요 상대가 밭이지만, 상대의 입장에서 볼 때는 내가 밭이요 그 사람이 씨앗입니다.

곧 서로서로가 인이 되고 연이 되고 의지하고 떠받치면서 존립하는 것이 인간관계입니다. 서로가 씨가 되고 밭이 되어 싹을 틔우고 마침내는 결실을 보는 것이 인간관계입니다. 바꾸어 말하면 서로의 인因인 '마음가짐'에 의해 형성되고, 어떠한 마음가짐을 가지고 관계를 유지해 왔느냐에 따라 분명한 과보를 얻게 되는 것이 사랑이요 인간관계인 것입니다.

그런데 인因인 '나'의 마음가짐이 어떠한지는 생각하지 않고 연緣인 상대에게 순종하기를 강요해 보십시오. 상대의 마음(因)은 당연히 나의 강요(緣)를 거부합니다. 그야말로 내가 순종하면 상대도 순종을 하지만, 서로가 강요하면 서로가 거부하는 것이 인간관계입니다.

그러므로 꼭 기억하십시오. 인간관계 속에서는 나만이 내 쪽으로 끌어당기고, 나만이 내 뜻대로 하고자 하는 것이 아니라, 상대도 나를 자기 쪽으로 끌어당기고 자기 뜻대로 하고자 합니다.

이렇게 서로가 자기 쪽으로 끌어당기면 그 힘이 관계를 가로막는 장애의 막을 형성하기 시작하는데, 나의 뜻대로 하고자 하는 욕망과 집착이 강하면 강할수록 그 장애의 막도 두터워지는 것입니다.

그럼 어떻게 하여야 서로가 서로를 살리는 인간관계를 유지할 수 있는가? 그 방법은 매우 간단합니다. 마음을 바꾸면 됩니다. 서로가 '나'의 이기적인 자세를 버리고 상대를 위해 좋은 연緣(밭)이 되고자 하면 됩니다. 남이 나의 뜻대로 움직여주기를 바라거나 순종하기를 바라지 않으면 됩니다. 그래서 「보왕삼매론」은 설하고 있습니다.

"남이 내 뜻대로 순종해주기를 바라지 말라."

이것은 누구나가 다 알고 있는 가르침입니다. 그런데 왜 이 말씀을 하셨는가? 다음과 같은 결과가 나타나기 때문입니다.

"남이 내 뜻대로 순종하면 안으로 자긍심에 빠져들게 되고, 안으로 자긍심에 빠져들면 반드시 내가 옳다고 고집하게 되느니라."

「보왕삼매론」의 이 말씀은, 사람들이 나에게 맞추어주고 순종하기만 할 뿐 거역하지 않으면, 마음속으로 자신을 뽐내는 자긍심만 자라나게 되고, 스스로를 자랑하는 자긍심이 강해지면 '내가 옳고 내가 최고'라는 나쁜 집착이 생겨난다는 것을 깨우쳐주고 있습니다.

곧 나의 이기심만 강해지고 나의 벽만 더 두터워지며 풍선의 껍질만 더 질겨진다는 것입니다.

실로 요즘 부모들이 자식 키우는 것을 살펴보면 심히 걱정이 될 때가 있습니다.

'좋은 옷에 좋은 음식에 좋은 장난감에, 자신의 아들딸들이 원하는 것이면 무엇이든 해주고 내 아이만 열심히 챙기는 일부 부모들, 일류의 삶을 성취시키기 위해 갖은 뒷바라지를 하는 부모들….

저 아이들이 커서 저 욕심에 저 고집에 저 이기심에 젖어 어떻게 험난한 세상을 살아갈 것인가? 자기 사랑의 장벽에 갇혀 얼마나 힘들고 두렵고 불안하게 지낼 것인가?'

실로 매일매일을 자기 자식만 최고로 가꾸고자 하고, 자식이 원하는 대로 해주지 못해 안달을 하는 부모 밑에서 자란 아이는 행복하게 살기가 어렵습니다. 이기적인 장벽에 갇혀 두렵고 불안하고 답답하게 살 수밖에 없습니다. 그리고 마침내는 부모도 자식도 모두 슬픔과 고통에 빠지는 결과를 맞이해야 합니다.

부처님께서는, 무엇이든지 아이가 원하는 대로 해주거나 이기적으로 키우게 되면 현세뿐만이 아니라 죽은 다음까지 함께 괴로움을 받게 된다고 하셨습니다. 잊지 마십시오.

사랑을 앞세워 그릇됨까지 감싸주면 결국은 서로에게 불행을 안겨줄 뿐입니다. 사랑하는 아들딸에게 불행한 앞날을 맞이하도록 할 것인가 행복한 미래를 선사할 것인가는 지금의 우리가 어떻게 하느냐에 달려 있습니다.

그럼 어떻게 우리들의 아이를 기를 것이며, 사랑하는 사람을 대하게 할 것인가? 제5장에서처럼 간략히 팔정도八正道에 적용시켜 보겠습니다.

① 자기중심적으로 세상을 보지 않고, 상대의 있는 그대로를 볼 수 있는 눈을 길러주어야 합니다(正見).

② 남의 어려움이나 처지를 생각할 줄 아는 사람〔正思(정사)〕
③ 정직하고 진실되고 부드럽고 희망과 용기를 주는 말을 하는 사람〔正語(정어)〕
④ 베풀고 맑히고 살리는 행을 실천하고자 노력하는 사람〔正業(정업)〕으로 키워야 합니다.
⑤ 돈과 명예와 권력을 추구하기보다는 더불어 살고 더불어 살려가고자 하며〔正命(정명)〕
⑥ 인간관계를 통하여 향상의 길을 열고〔正精進(정정진)〕
⑦ 남을 믿고 이해하면서〔正念(정념)〕
⑧ 함께 평화로움을 얻을 수 있는 사람이 되도록〔正定(정정)〕 가르쳐야 합니다.

불자의 근본덕목이요 깨달음을 열어주는 팔정도를 통하여 나 스스로도 좋은 인간관계를 맺어가고 아이들도 잘 인도해주면, 진실로 서로가 서로를 살리는 멋진 삶을 이룰 수 있습니다. 항상 마음에 새겨 스스로를 점검하고, 사랑하는 모든 사람과 좋은 인연을 만들어 가시기 바랍니다.

### 깨달은 이의 인간관계

이제 「보왕삼매론」은 깨달은 이의 인간관계를 밝혀 미혹

한 우리를 향상의 길로 이끌고 있습니다.

"깨달은 이의 처세는 사람들의 허망한 행위를 관觀하면서, 그냥 무심하게 주고받을 뿐이다〔人但酬報 인단수보〕."

원문의 인단수보人但酬報를 직역하면 '단지 사람들의 고마움에 보답할 뿐이다'로 풀이할 수 있지만, 더 명쾌히 해석하면 '무심하게 주고받을 뿐이다'로 풀이함이 바람직합니다.

깨달은 이는 무심無心하여 허망한 인간관계에 집착하지 않습니다. 그렇다고 하여 그분들의 무심이 '마음이 없다'는 말은 아닙니다. 망심妄心이 없다는 뜻입니다. 이기심이 없음은 말할 것도 없고, 번뇌망상이 없는 고요한 마음으로 인간관계를 유지하면서, 인연 있는 이들에게 베풀고 보답하고 깨우쳐 간다는 말씀입니다. 이에 적절한 옛이야기 한 편을 음미해 봅시다.

✿

일본의 선불교를 중흥한 백은白隱(1685~1768) 선사께서 송음사松蔭寺에 계실 때, 절 입구의 두부장수집 딸이 이웃 음식점의 사내와 정을 통하여 아기를 갖고 말았습니다. 그 사실을 안 딸의 부모는 몽둥이를 들고 심하게 추궁했습니다.

"감히 처녀의 몸으로 어느 놈의 씨를 뱃속에 넣었느냐? 네 이년, 빨리 밝혀라. 그놈을 그냥 두지 않겠다."

살기등등한 부모님의 추궁에 딸은 사실대로 말하지 못하

고 거짓말을 했습니다. 그대로 말하였다가는 자신도 그 남자도 살아남지 못할 것 같았기 때문입니다.

"윗절의 백은스님…."

부모의 노기는 사람들로부터 깊은 존경을 받고 있는 백은스님께로 옮겨갔습니다. 서슬이 시퍼런 얼굴로 백은스님을 찾아간 딸의 부모는 확인부터 했습니다.

"스님, 우리 딸이 스님의 아기를 가졌다고 하는데요?"

"아, 그렇습니까?"

스님이 이렇게 답하자 딸의 부모는 온갖 원망과 저주를 퍼부었고, 큰스님으로 존경받던 백은스님은 그 순간부터 사람들의 손가락질을 받으며 살아야 했습니다. 그리고 몇 달 후, 딸이 사내아기를 낳자 딸의 부모는 아기를 안고 백은스님을 찾아와 말했습니다.

"당신의 잘못으로 생긴 당신의 아들이니 당신이 키우시오."

스님은 싫다 좋다는 말 한마디 없이 그날부터 놓고 간 아기를 안고 집집마다 찾아다니며 젖을 얻어 먹였고, 똥오줌도 받아주고 목욕도 시키며 정성껏 길렀습니다. 그렇게 1년여의 세월이 흘렀을 무렵, 모성애와 죄책감으로 견딜 수 없었던 딸은 사실을 털어놓았습니다.

"아기의 아버지는 이웃 음식점의 남자입니다."

사실을 안 딸의 부모는 크게 당황해했습니다. 딸의 허물이 문제가 아니라, 존경받던 큰스님을 파계승으로 전락시켰고 아기까지 키우게 하였기 때문이었습니다.

부모와 딸은 백은스님을 찾아가 자초지종을 밝히고 깊이 깊이 사죄하였습니다. 그리고 아기를 돌려줄 것을 청했습니다. 모든 이야기를 묵묵히 듣고만 있던 백은스님은 별다른 표정 없이 말했습니다.

"아, 그렇습니까?"

이 한마디와 함께 스님은 아기를 그들에게 넘겨주었습니다.

༄

모든 이를 잘 포섭하고 이익을 주고 깨달음을 주는 가장 훌륭한 인간관계는 '나'를 완전히 비운 무심의 경지에서 나온다는 것을 이 이야기는 깨우쳐주고 있습니다.

"아, 그렇습니까?"

백은선사처럼 기쁜 일에도 슬픈 일에도 한결같이 대할 수 있다면 어떠한 업력 속의 인간관계도 되살아나지 않을 수 없고, 올바로 발현되지 않을 수 없는 것입니다.

사실 우리의 삶이 왜 괴롭습니까? '사람과 물질' 때문에 괴롭습니다. '인간관계와 돈' 때문에 괴로운 것입니다. 정녕 우리가 인간관계 속에서 해탈하여 깨달음의 길로, 행복의 길로 나아가려면 어떻게 해야 하는 것일까요?

무엇보다 먼저, 지금 이 자리에서 '나'의 망상이나 업장에 의해 점령당하지 않아야 합니다. 망상이나 업장에 의해 움직이는 '나'는 진정한 '나'가 아닙니다. 그 '나'는 이기심, 자존심이 만든 허망한 '나'입니다.

그러므로 인간관계에 문제가 생기면 그 무엇보다도 동요되고 있는 '나'의 마음을 거울 속의 나를 보듯이 객관적으로 조용히 지켜볼 수 있어야 합니다. 무명업無明業의 충동력을 따르지 않고 현실을 그대로 받아들이면서, 나의 모습을 객관적으로 바라보는[觀] 바로 그 순간, 사랑과 기쁨과 평화의 자리가 일단 마련되는 것입니다.

이렇게 '나'의 이기적인 판단을 모두 중지시킨 다음에는, 거울 속에 비친 모습을 보듯이 상대방에 대한 바람이나 추측을 모두 놓아버려야 합니다. 상대방에 대한 바람이나 추측을 나 속에서 완전히 비워버리면, 나의 이기심을 곧바로 초월할 수 있게 되고, 상대를 있는 그대로의 모습대로 받아들일 수 있게 됩니다.

백은선사처럼, 오는 것은 오는 대로 받아들이고 가는 것은 가는 대로 받아들일 수 있게 되는 것입니다. 이렇게 되면 인간관계 속의 가해자도 희생자도 없어지고, 원망을 하거나 비난받을 일도 없어집니다. 더 이상은 나와 상대방의 무명업력에 휘말려서 벗어나지 못 하는 일들이 없게 되고, 서로를 힘들게 하지도 않습니다.

 이 경지에 이르면 서로가 떨어져 있어도 깊은 사랑을 할 수 있고, 언제 어디에서나 서로를 살려 갈 수 있게 됩니다.

 이제 우리는「보왕삼매론」의 가르침처럼 **'거역하는 사람을 원림園林으로 삼아'** 인간관계를 승화시켜야 합니다.

 원림園林! 시중에 유통되고 있는 번역본「보왕삼매론」은 원림을 '동산과 숲'으로 풀이하고 있습니다. 원림은 원래 '휴식처'나 '과일이 있는 동산'을 뜻하였으나, 불교교단에서는 승려의 수행처를 원림이라 하였습니다. 찌는 듯이 더운 인도의 여름 날씨 속에서는 나무 그늘이 있는 동산이야말로 안거安居를 위한 가장 적합한 수행처였기 때문입니다.

 **'나에게 거역하고 나를 거스르는 사람을 수행처로 삼아라'** 고 하신 부처님의 말씀! 우리는 이 가르침을 깊이 명심하고 실천해야 합니다. 쉽지는 않겠지만 노력하고 또 노력해야 합니다.

 만약 사랑하는 사람이 무명無明으로 '나'의 마음에 들지 않는 말을 하거나 그릇된 행위를 하더라도, 정면으로 민감하게 반응하지 말고 지혜로써 다정하게 감싸주십시오. 무명과 지혜는 공존할 수 없으므로, 지혜의 빛이 발현되면 무명은 곧 사라집니다. 천년의 어둠은 빛이 들어오면 한순간에 모두 사라집니다. 그러나 상대의 무명에 정면으로 반응을 하면, '나' 또한 무명의 깊은 어둠에 휩싸이게 됩니다.

부디 무명의 인간관계 속에 빠져들지 마십시오. 실체가 없는 무명과 싸워서 어둠을 몰아내는 것이 수행이 아니라, 지혜의 빛으로 해탈을 이루는 것이 수행입니다.

이제 상대의 어둠과 싸우는 대신, 빛이 발현되도록 해야 합니다. 무명을 없앤다고 하면서 어두운 감정이나 슬픔을 쌓아서는 안 됩니다. 이기심을 비우고 열린 마음의 빛을 발현시키십시오. 업력이 인간관계를 어렵게 만들지라도 기꺼이 받아들이고, 쉽게 받아들여지지 않을 때는 참회를 통하여 기도를 통하여 그 업을 녹여야 합니다.

하지만 '어둠을 물리쳐 달라'는 기도는 하지 마십시오. 빛이 충만되기를 기도하십시오. 그리하여 마침내 이기적인 '나'가 아닌 참 '나'의 빛이 발현되면, 어디에서나 어느 때에나 행복하고 자유롭고 맑디맑은 인간관계를 형성할 수 있게 됩니다.

인간관계! 바로 이 속에 깨달음의 길이 있고 해탈의 길이 있습니다. 우리 모두 인간관계를 원만하고 진실하게 승화시켜, 큰 깨달음을 이루고 대해탈을 성취하게 되기를 간절히 축원 드리옵니다.

나무마하반야바라밀.

## 8. 베풀되 보답을 바람이 없이

덕을 베풀되 보답을 바라지 말라.
배푼 덕에 대해 보답을 바라게 되면
도모하는 생각을 가지게 되고
도모하는 생각을 가지게 되면 반드시
이름을 화려하게 드러내고자 하느니라.
덕에 고유한 본성이 없음을 알고
덕이 영원하지 않음을 관조해 보라.
베푼 덕 또한 실재하지 않느니라.
그러므로 대성인이
'베푼 덕을 헌신짝처럼 버려라' 하셨느니라.

시덕불구망보
施德不求望報
덕망보즉
德望報則
의유소동
意有所圖
의유동필
意有圖必
화명욕양
華名欲揚
명덕무성
明德無性
조덕비상
照德非常
덕역비실
德亦非實
시고대성화인
是故大聖化人
이시덕위기항
以施德爲棄肛

### 베품에 감사하고 감사하며 베풀면

「보왕삼매론」제 8번째 가르침은 덕을 베푸는[施德] 자세에 대한 것입니다. 이 시덕施德을 불교용어로 바꾸면 보시布

施가 된다는 것은 불자이면 누구나 다 아는 사실이므로, 여기에서는 시덕과 보시라는 단어를 함께 쓰면서 풀이하겠습니다. 먼저 이와 관련된 이야기부터 소개하겠습니다.

❀

대한불교조계종의 제 3대·4대·6대 종정宗正을 지내셨던 고암古庵(1899~1988)스님은 살아생전부터 자비보살로 추앙을 받았고, 남에게 베풀기를 좋아하셨습니다. 도무지 돈을 모아 두지 않았던, 있으면 곧바로 주는 스님을 이해할 수 없었던 한 승려가 여쭈었습니다.

"스님, 돈을 조금은 모아 두셨다가 필요할 때 쓰시면 좋을 텐데, 왜 그렇게 몽땅 다 나누어주십니까?"

스님은 회상에 잠긴 듯 눈을 지그시 감고 계시다가 나지막한 어조로 말씀하셨습니다.

"내가 젊었을 때 해인사에서 수행하다가 묘향산으로 가던 길이었어요. 임진강 나루터에서 나룻배를 타기 위해 뱃삯을 물었더니 10전이라더군요. 그런데 내가 가진 돈은 5전 밖에 없어 우두커니 강물만 바라보고 서 있었지요. 그때 아기를 업은 새댁이 옷고름을 풀어헤치더니 모자라는 뱃삯 5전을 보태주었지요. 나는 너무나 고맙고도 부끄러워서 새댁의 얼굴도 쳐다보지 못했어요."

"예, 그런 일이 있으셨군요."

"그다음부터는 그 고마움이 늘 마음에 새겨지는 거예요. 그래서 돈이건 물건이건 뭐든지 생기면 새댁의 은혜에 보답하는 뜻으로 나누어주는 거예요. 그리고 그때마다 '새댁이여, 복 받으소서'라는 축원을 하였지만, 아직도 그 빚과 고마움은 내 마음속에 남아 있어요."

젊은 시절, 새댁으로부터 뱃삯 5전을 받은 고암스님은 평생을 두고 얼굴도 기억하지 못하는 새댁의 베풂을 생각하며 보시를 행하였습니다. 그리고 새댁을 위한 축원을 늘 잊지 않았습니다.

그런데 우리는 어떻게 하며 살고 있습니까? 베풂을 받았으니 나도 베풀며 살겠다는 생각을 하고 있습니까? 가끔씩이라도 베풀어준 그 사람을 떠올리며 '복 받으소서'라는 축원을 해주고 있습니까?

혹, 도움받은 것을 당연하게 여기거나, 오히려 자존심의 문제라며 베푼 그 사람으로부터 멀어지려 하지는 않습니까?

또 한 편의 이야기입니다.

옛날 어느 조그마한 절에 청출淸出스님이라는 고승이 계셨습니다. 스님은 도가 높을 뿐 아니라 법문도 매우 잘하셨기 때문에, 승려들은 물론 신도들이 많이 찾아왔습니다. 자연

넓고 큰 법당이 필요하게 되었고, 스님을 크게 존경했던 부자가 돈궤에 금화 5백냥을 담아 와서 보시를 하였습니다.

"스님, 이 궤짝 속의 돈으로 넓은 법당을 지어 사람들이 편안하게 법문을 듣고 수행을 할 수 있도록 해주십시오."

"그렇게 하지요."

하지만 스님은 금화를 넣어 놓은 궤짝을 열어 보지도 않았고 감사의 말도 하지 않았습니다. 부자는 스님의 태도에 불만을 품고 넌지시 말했습니다.

"스님, 이 궤짝 속에는 금화 오백냥이 들어 있습니다."

"그래요?"

"예, 스님. 금화 오백냥이면 저에게도 결코 적은 돈이 아닙니다. 금화 닷냥이면 보통 사람이 1년은 잘 먹고 살 수 있지 않습니까?"

"그러시면, 나에게서 '감사하다'는 말을 듣고 싶다는 것인가요?"

"예, 스님."

"왜 내가 그대에게 감사를 드려야 합니까? 감사는 베푸는 사람이 해야지!"

※

우리가 베풀었을 때는 과연 어떻게 하고 있습니까?

청출스님께 금화 5백냥을 보시한 부자처럼, '내가 누구에게 베푼' 그 선행을 다른 사람이 인정해주기를 기대할 것입니다. 또한 그 자랑스러운 베풂을 다른 이들에게 이야기하며 살 것입니다.

어찌보면 이것은 너무나 당연한 행동인지도 모릅니다. 인정을 받고 싶고 자랑을 하고 싶은 것이 인간의 기본 속성이기 때문입니다. 그런데도 청출스님은 강조했습니다.

"왜 내가 그대에게 감사를 드려야 합니까? 감사는 베푸는 사람이 해야지!"

청출스님께서 이렇게 말씀하신 까닭이 무엇일까요? 보시한 액수가 많다는 것을 모르는 것도 아니요, 인정을 받고 싶어하는 인간의 기본 속성을 몰라서도 아니었습니다. 청출스님의 뜻은 그 부자의 향상向上에 있었습니다. 무주상無住相의 가르침을 베풀고 무주상의 참된 공덕을 심어주어 깨달음의 길로, 해탈의 세계로 인도하고자 했던 것입니다.

무주상보시無住相布施는 '내가·누구에게·무엇을 주었다'는데 대한 집착이 없는 베풂입니다. 베풀되 나와 상대방, 그리고 그 사이에 물질적·육체적·정신적으로 한 점의 걸림이나 감정이 없으면 무주상이 됩니다.

물론 매일매일을 감정사건 속에서 살고 있는 평범한 사람들이 이렇게 하기란 쉽지가 않습니다. 특히 좋은 일을 하고 나서 자랑하고 싶은 감정을 억제하기는 매우 어렵습니다.

그러나 그러한 감정에 휩싸여 있는 동안에는 진정한 깨달음이 다가서지를 않습니다. 조그마한 복은 다가올지언정, 대우주에 충만되어 있는 무량한 지혜와 자비와 평화와 자유와 해탈은 '나'의 것이 되지를 못합니다. 그래서 청출스님께서는 말씀을 하신 것입니다.

"감사는 베푸는 사람이 해야 한다."

우리 불자들이 고암스님처럼, 늘 은혜로운 베풂에 감사하는 마음으로 보시를 실천하고 상대를 위해 축원까지 더한다면, 그 실천은 그냥 그대로 해탈행解脫行이 됩니다. 그리고 청출스님의 가르침대로 감사하는 마음으로 베풀게 되면 감정의 찌꺼기가 없는 무주상보시를 이룰 수 있습니다.

### 내가 베푼 공덕은 꼭 나에게 온다

정녕 두 편의 이야기 속에 담긴 뜻을 잘 이해하고 받아들인다면, 베풂의 정신을 밝힌 「보왕삼매론」의 여덟 번째 글귀를 굳이 새겨볼 필요도 없을 것입니다.

하지만 우리는 중생입니다. 상相이 많은 중생입니다. 번뇌가 많은 중생입니다. 뽐내기를 좋아하는 중생입니다. 준 만큼 받기를 바라는 중생입니다. 덕을 베풀면 보답을 바라게 되고, 그 베푼 덕이 가져다줄 이익을 계산하고, 베푼 것 이상의 명성이 되돌아오기를 기대하는 중생입니다.

 만일 그렇지 않다면 중생이 아닌 보살의 경지에 올라선 분일 것입니다. 실로 중생이기에 젖어 들고, 중생이기에 빠져드는 어리석음! 그래서 「보왕삼매론」에서는 그 어리석음을 꾸짖고 있습니다.

> **"덕을 베풀되 보답을 바라지 말라. 베푼 덕에 대해 보답을 바라게 되면 도모하는 생각을 가지게 되고, 도모하는 생각을 가지게 되면 반드시 이름을 화려하게 드러내고자 하느니라."**

 잘 생각을 해보십시오. 무엇이 베풂에 대한 어리석음입니까? 베푼 것에 대해 보답을 바라는 자체가 어리석음입니다. 보답을 바라면 거래가 될 뿐, 덕을 베푼 것이 아닙니다.

 "내가 이렇게 해주었으니 너도 그에 상당하는 것을 나에게 해주어야지."

 가족이나 이성 교제를 하는 사람, 가까운 친구를 향해 이렇게 요구를 한다면 어떻게 서로가 진정한 사랑을 나눌 수 있겠습니까? 그런데도 현대인들은 주저 없이 '베푸는 만큼'을 내세웁니다.

 "내가 준 만큼 너도 줘."

 "내가 사랑하는 만큼 나를 사랑해줘."

 "네가 사랑하는 만큼 너를 사랑할 거야."

이를 바꾸어 말하면 '손해를 보지 않겠다'는 뜻이 밑바닥에 깔려 있습니다. 아니, 베푼 것 이상의 더 큰 이득을 바라고 있는 것입니다. 이렇게 될 때 결과가 어떻게 다가옵니까? 굳이 설명할 필요도 없을 것입니다.

오히려 우리는 잘 기억을 해야 합니다. 중생의 감정이 참으로 무섭다는 것을! 내가 순수한 마음으로 임하면 상대도 순수함으로 다가서지만, 내가 이기심을 발동시키면 상대도 당연히 이기심을 뿜어냅니다.

사랑하는 사람들뿐만이 아닙니다. 이 사회 또한 호락호락하지가 않습니다. 이 사회는 어떤 사람이 순수한 마음이나 소명의식召命意識이 아니라, 이익이나 명예를 얻기 위해 베풀었다는 것을 알았을 때, 그 사람을 향해 '위선자'라는 오명을 씌웁니다. 순간, 그 사람의 명예는 곤두박질을 칩니다. 자초지종이라며 이야기를 해본들, 변명이라며 믿으려 하지도 않습니다. 또, 베풂을 지나치게 자랑하면 속으로 냉소를 보냅니다.

'흥, 그러면 그렇지. 네가 자랑하지 않고 좀이 쑤셔 어떻게 살아? 이 잘난 인간아. 실컷 자랑해라. 기껏해야 네 인격이 그런 것을…'

그런데 왜 잘 베풀어 놓고는 스스로의 어리석음을 대변하듯 자랑을 늘어놓습니까? 왜 화려한 명예까지를 추구하고

자 합니까? 그냥 스스로의 진실에 비추어 형편 따라 능력 따라 베풀면 되고, 베풀면서 스스로의 진실을 체험하면 될 것인데도….

부디 명심하십시오. 덕을 베풀면 반드시 복이 오게끔 되어 있습니다. 내가 베푼 덕의 과보는 절대로 다른 이에게로 가지 않습니다. 내가 덕을 베풀었으면 그 복덕은 고스란히 '나'에게로 옵니다. 보시를 하였으면 보시를 한 마음가짐의 폭에 비례한 이자가 붙어 '나'에게로 돌아오고, 수행을 하였으면 수행의 공덕이 '나'에게로 돌아오게 되어 있습니다.

꼭 '나'에게로 돌아옵니다. 오지 말라고 하여도 오게끔 되어 있습니다. 그것이 대우주의 법칙입니다.

❂

1925년 여름, 서울의 용산에 살았던 전씨 성을 지닌 처사는 볼일이 있어 마포로 갔다가 집으로 돌아오는 길에 불볕더위를 피하여 느티나무 그늘 속으로 들어갔다가, 나무 밑둥치에 놓여 있는 전대錢帶 하나를 발견하였습니다. 풀어 보니 그 속에는 천 냥이나 되는 큰돈이 들어 있었습니다.

'이것이 웬 횡재인가!'

기뻐하던 전처사는 문득 돈의 주인을 생각했습니다.

'돈을 잃어버린 사람이 얼마나 노심초사를 하고 있을까? 큰돈이니 주인이 나타날 것이다. 기다렸다가 돌려주자.'

과연 얼마 지나지 않아 얼굴이 새파랗게 질린 사람이 달려오더니 황급히 물었고, 전처사는 보관하고 있던 전대를 건네주며 말했습니다.

"얼마나 걱정을 했습니까? 이런 큰돈을 그냥 두고 갈 수가 없어 주인이 나타날 때까지 기다리고 있었습니다. 이제 저는 가겠습니다."

"잠깐만요. 저는 천안에 살고 있는 이생원입니다. 장사할 밑천으로 전답을 팔아 마련한 돈인데, 이렇게 찾아주셨으니 꼭 사례를 하고 싶습니다."

"사례라니요? 생원님의 얼굴에 생기가 돌아오는 것을 본 것만으로 충분한 보답이 되었습니다. 잘 가십시오."

그런데 두 사람이 헤어진 지 얼마 지나지 않아 먹장구름이 몰려오더니 하늘에 구멍이 난 것처럼 비가 쏟아졌고, 마침내 기상관측사상 유래가 없었던 '을축년대홍수乙丑年大洪水'가 난 것입니다.

이생원은 마포의 객점에서 비 그치기를 기다리다가, 장대비가 멎자 강가로 나갔습니다. 한강에는 시뻘건 물이 거세게 굽이치고 있었고, 집이며 가재도구며 가축들이 무수히 떠내려오고 있었습니다.

그때 한 청년이 곧 가라앉을 것만 같은 집의 지붕 위에 앉아 "사람 살려!"를 외치고 있는 것이 보였습니다. 하지만 어느 누구도 거센 홍수물 속으로 들어가 청년을 구하려 하지 않았습니다. 이생원은 매우 안타까워하다가 강가에 모여 있는 사람들을 향해 외쳤습니다.

"저 청년을 구해오는 분께 돈 천 냥을 드리겠습니다."

그가 상금을 걸자 한 뱃사공이 위험을 무릅쓰고 배를 띄웠습니다. 가까스로 떠내려가는 집 근처로 배를 접근시킨 뱃사공은 지붕을 향해 밧줄을 던졌고, 청년은 그 밧줄에 의지하여 배에 오를 수가 있었습니다.

청년이 뱃사공에게 머리를 조아리며 감사를 드리자, 뱃사공은 이생원을 가리키며 말했습니다.

"감사의 인사는 저분에게 하시구려. 저분이 상금 천 냥을 걸었기 때문에 죽을 각오로 배를 띄운 것이오."

청년은 생명의 은인인 이생원에게 큰절을 올린 다음 간곡히 청했습니다.

"저희 집으로 모시고 싶습니다. 허락하여 주십시오."

청년의 부탁이 매우 간곡하여 이생원은 용산에 있다는 청년의 집으로 향하였고, 집 대문을 열고 들어섰을 때 아들이 떠내려 갔음을 전해 들은 부모는 넋을 잃고 있었습니다.

환호하는 부모에게 아들은 생명의 은인을 소개하였고, 그 순간 두 사람은 깜짝 놀랐습니다. 청년의 아버지가 잃어버렸던 돈을 찾아준 바로 그 전처사였기 때문입니다.

두 사람은 서로 얼싸안으며 반가워하였고, 자초지종을 알게 된 마을 사람들은 '전처사가 마음을 바로 써서 아들의 목숨을 살렸다'며 하나같이 칭송을 하였습니다.

8

돈을 잃은 사람의 입장이 되어 주인 오기를 기다렸던 전처사! 전처사는 천 냥의 돈과는 비교도 할 수 없는, '아들의 생명을 다시 얻는 복'을 얻었습니다. 이 복이 어떻게 왔습니까? 바로 순수한 마음가짐에서 온 것입니다.

실로 법계의 살림살이에 있어 '어떠한 마음가짐으로 사느냐' 하는 것은 참으로 중요합니다. 대가를 바라는 마음으로 베풀면 나중에 베푼 복은 받되, 대가를 바란 그 과보도 받아야 합니다.

그런데 순수한 마음으로 베풀면 베풂의 과보와 함께 대우주의 순수한 힘까지 '나'에게로 다가옵니다. 그 순수한 힘이 무엇입니까? 대우주에 충만되어 있는 자비와 지혜와 행복과 대자재·대해탈의 기운이요 빛인 것입니다.

이처럼 순수한 마음과 티끌 낀 마음가짐의 과보는 하늘과 땅처럼 벌어지게 됩니다. 어찌 이것을 아는 불자이면서 보답을 바라는 보시, 자랑하는 보시, 명예를 지향하는 보시를 할 것입니까?

우리는 그냥, 전처사가 했던 것처럼 남의 입장이 되어 덕을 베풀면 됩니다. 순수한 마음으로 덕을 베풀고는 그 베푼 것을 잊으면 됩니다. 그렇게만 하면 대우주의 무량행복과 대자재·대해탈의 힘이 '나'와 하나가 되는 것입니다.

## 결국은 무아無我의 보시

이제 보시의 참의미에 대해 간략히 언급하고자 합니다.

불교에서는 보시를 재시財施·법시法施·무외시無畏施의 세 가지로 많이 설명합니다. 재시는 돈이나 물질로써 베푸는 것이요, 법시는 올바른 삶의 지침이 되는 법을 깨우쳐주는 것이며, 무외시는 두려움이 없는 평화의 경지로 이끌어주는 것입니다.

이 세 종류 보시의 밑바닥에는 '자비慈悲'가 자리 잡고 있기 때문에, 자비보시慈悲布施라는 말을 즐겨 씁니다. 자비보시가 무엇입니까? 있는 자가 없는 자에게 조금 베푸는 것이 자비보시입니까? 아닙니다. 자비보시는 같아지는 것입니다. 같은 자리로 끌어올리는 것입니다.

그래서 불보살님은 중생이 모두 부처가 되는 그날까지 끊임없이 베풉니다. 어떠한 조건도 어떠한 대가도 내세우지 않고 마냥 베풀기만 합니다. 바로 이것입니다. 인연에 얽매임이 없는 이러한 자비가 바로 무연대비無緣大悲요 보시의 참 정신인 것입니다.

잘 새겨 두십시오. 불교의 보시는 단순한 베풂이 아닙니다. '보시바라밀布施波羅蜜'입니다. 보시를 통하여 나를 비워 해탈을 이루고, 보시를 통하여 완전한 깨달음, 위없는 깨달음의 경지로 나아간다는 것입니다. 곧 보시는 '바라밀'을 위한 방법이요 길인 것입니다.

그렇다면 왜 보시를 여섯 가지 위없는 깨달음의 방법인 육바라밀六波羅蜜 중 하나로 채택을 한 것일까요? 그리고 왜 보시·지계·인욕·정진·선정·반야의 육바라밀 중에서 가장 앞쪽에 둔 것일까요?

바로 보시가 '나'를 버리는 것이기 때문입니다. 나를 비우는 것이기 때문입니다. 부처님과 같은 위없는 깨달음을 이루려면 무엇보다 먼저 나를 버려야 한다, 나를 비워야 한다, 무아無我가 되어야 한다는 것입니다. 나를 버리고 비우고 무아가 되어야만 위없는 깨달음을 이룰 수 있다는 것입니다.

왜입니까? 우리가 '나'로 삼고 있는 이 나는 '자아自我'입니다. 진짜 나가 아니라, 지금 이 자리에서 스스로가 생각하여 만들어낸 나요, 나의 망상과 욕심과 어리석음에 사로잡혀 있는 나일 뿐입니다. 그야말로 뜬구름과 같은 나일 뿐입니다. 그런데도 우리는 그 뜬구름 같은 자아를 '나'라고 하며 살고 '나'와 '내 것'을 고집합니다.

그러나 가만히 생각을 해 보십시오. 구름에 실체가 있습니까? 홀연히 일어나 여러 가지 모습으로 변하였다가 문득 사라지는 구름! 우리의 인생도 이 구름과 같습니다. 우리가 그토록 집착을 하는 나도 이 구름과 같을 뿐입니다.

그 구름에 실체가 없다는 것은 누구나 알고 있습니다. 구름은 실체가 없는 무아無我입니다. 우리가 고집하여 붙잡고 있는 자아 또한 마찬가지입니다.

자아의 '나'는 원래 없습니다. 구름과 같이 나는 원래 없습니다. 그 자아에 고유한 실체가 없다는 것입니다.

정녕 실체가 없는 구름을 잡고 있어 보십시오. 어떻게 됩니까? 결국 허무하게 사라질 뿐입니다. 그리고 또다시 인연들을 따라 한 조각의 구름을 형성하여 떠돌다가 흩어지고 맙니다.

그래서 부처님께서는 무아법無我法을 설하셨습니다. 구름이 실체가 없듯이, 지금 우리가 고집하고 있는 '자아는 무아'라고 설했습니다. 그리고 구름이 아닌 하늘이 되라고 설하셨습니다.

"무아를 체득하면 진아眞我인 하늘이 된다. 너희는 원래가 하늘이다. 왜 하늘임을 망각한 채 구름을 잡고 있느냐? 이제 그만 구름에 대한 집착을 놓아 버려라. 구름을 비워 버려라."

아울러 구름이 아니라 하늘이 되는 방법으로, '진아'를 되찾는 방법으로 보시를 가르친 것입니다. 곧 보시를 통하여 자아가 원래 없다는 '무아'의 법을 깨달아 원래 하늘인 진아를 회복하도록 한 것입니다. 또한 거짓 '나'를 버리고 거짓 '나'를 비우는 데는 보시가 가장 좋은 방법이라 하여 육바라밀의 첫머리에 보시를 두신 것입니다.

「보왕삼매론」도 이 무아의 가르침과 맥락을 같이 하여, 구름과 같은 '나'에 사로잡힌 채 베푸는 그 덕의 실체를 파악할 것을 일깨우고 있습니다.

"덕에 고유한 본성이 없음을 알고, 덕이 영원하지 않음을 관조해 보라. 베푼 덕 또한 실재하지 않느니라."

실로 '나'에 집착하여 베푼 덕은 영원할 수가 없습니다. 구름과 같이 흩어질 뿐입니다. 그러므로 내가 베푼 덕에 사로잡히지 말아야 합니다. 구름을 이루는 보시가 아니라, 하늘 그 자체임을 아는 보시를 해야 합니다.

덕을 베풀되 하늘을 생각해야 합니다. 구름의 변화가 아니라, 함께 하늘이 되고자 보시를 해야 합니다. 「보왕삼매론」은 이를 참으로 적절하게 표현하고 있습니다.

"그러므로 대성인이 '베푼 덕을 헌신짝처럼 버려라' 하셨느니라."

원리적인 이야기인지라 쉽게 이해가 되지 않을 수도 있겠지만, 부처님의 가르침은 실로 어려운 것이 아닙니다. 이제 이를 다시 한번 정리해 봅시다.

"자아에 집착하는 보시를 하지 말고 진아를 이루는 보시를 하라. 구름과 같은 자아를 비울 줄 알고 그 자아에 대한 집착을 떨쳐 버리는 무아의 보시를 하라. 무아의 보시를 하려면 어떻게 해야 하는가? 순수한 마음으로 베풀고, 베푼 것을 오래 신어 낡아빠진 헌신짝을 버리듯이 하면, 자비·지혜·평화·행복·자유·영광의 법계가 그대로 '나'와 한 뿌리가 되어 해탈신解脫身을 이루게 되느니라."

결국은 무아의 보시입니다. 어떠한 보답도 바라지 않는 무아가 되어 무주상의 보시를 하라는 것입니다.

부디 좋은 일이라고 하여 지나친 욕심을 내지도 말고, 너무 잘하려고 집착하지도 마십시오. 그냥 보답을 바람이 없이 '나'에게 주어진 책임을 다하고 능력껏 베풀며 사십시오.

그렇게 살다 보면 어느 순간에 문득 무아임을 깨닫게 될 뿐 아니라, 대우주와 그대로 하나가 되고 무량복과 하나가 됩니다. 그날이 올 때까지 꾸준히 정진하시기를, 축원하고 또 축원 드리옵니다.

나무마하반야바라밀.

## 9. 참된 자기 이익의 길

이익을 분에 넘치게 바라지 말라.
이익을 바람이 분을 넘게 되면
어리석은 마음이 요동을 치고
어리석은 마음이 요동을 치면 반드시
추한 이익이 나를 훼손시키느니라.
세상의 이익이란 본래 공空한 것
분에 넘치는 이익은 번뇌만 키우나니
이익을 허망되이 구하지 말지어다.
그러므로 대성인이
'이익 멀리함을 부귀로 삼아라' 하셨느니라.

견리불구점분
見利不求霑分
이점분즉
利霑分則
치심필동
癡心必動
치심동필
癡心動必
악리훼기
惡利毀己
세리본공
世利本空
욕리생뇌
欲利生惱
이막망구
利莫妄求
시고대성화인
是故大聖化人
이소리위부귀
以疎利爲富貴

### 불교는 자리이타의 종교

　석가모니불께서 천명하신 불교는 자리이타自利利他의 종교입니다. 나도 이롭게 하고 남도 이롭게 하는 것을 가르치는 대승의 종교입니다. 따라서 불교를 믿는 이들은 나만 이로워서도 안 되고 남만 이롭게 하여서도 안 됩니다. 인연업과 因緣業果 속에서 서로가 서로를 이롭게 하고, 서로가 서로를 살려가야 합니다.

또한, 내가 사랑하는 사람은 이로워야 하고, 무관한 사람은 손해를 보아도 좋다는 종교가 아닙니다. 불자들은 구원을 받고, 다른 믿음을 가진 이들은 지옥에 가도 좋다는 종교가 아닙니다. 불성을 지닌 이 법계法界의 일체중생이 함께 이로움을 얻어 향상向上하고 깨닫도록 하는 종교가 불교입니다.

나도 이롭게 하고 남도 이롭게 하는 자리이타! 이 속에 자비의 길이 있습니다. 지혜의 길이 있습니다. 이 속에 대자재大自在의 길이 있고 대행복大幸福의 길이 있습니다. 그래서 불교에서는 이 자리이타를 이상적인 삶으로 삼고 있습니다.

다만 이 자리自利와 이타利他는 능력 따라 형편 따라 '자리후이타自利後利他'를 하느냐? '이타즉자리利他卽自利'로 하느냐?의 구분이 있을 뿐입니다.

'**자리후이타**自利後利他'는 나를 먼저 이롭게 된 다음 남을 이롭게 해주고, 내가 도력을 갖춘 다음에 남을 교화하는 경우입니다.

실로 나에게 힘이 없으면 남을 이롭게 할 수 없는 경우가 많습니다. 나에게 아무것도 없으면 베풀고 싶어도 베풀 수가 없습니다. 돈이 있어야 물질적으로 베풀어줄 수 있고, 법력法力이 있어야 남을 정신적으로 깨우쳐줄 수 있으며, 몸이라도 건강하여야 육체적으로 봉사를 할 수 있습니다.

이처럼 나에게 힘이 있어야 남에게 도움을 줄 수 있는 것이므로, 나 자신부터 먼저 힘을 길러야 한다는 것이 '자리후이타'입니다.

만일 능력이 없는 사람이 억지로 남을 위하게 되면 치癡, 곧 어리석음에 빠져듭니다. 남을 살리지 못할 뿐 아니라 나까지 망쳐 버리게 됩니다. 그러므로 지금 내가 '자리후이타'의 뜻을 품고 있으면 발원과 서원이 꼭 필요합니다.

"반드시 자비와 지혜의 힘을 길러 뭇 생명 있는 이들을 살리고 깨어나게 하는 사람이 되겠다."

"내 반드시 중생을 다 건지고 번뇌를 다 끊고 법문을 다 배우고 불도를 이루리라."

이러한 발원과 서원을 품고 살게 되면 자리후이타의 힘이 길러질 뿐 아니라, 힘을 갖춘 다음에 능히 이타의 삶을 살 수 있게 됩니다.

이 자리후이타의 대표적인 인물로는 석가모니부처님을 꼽을 수 있습니다. 부처님께서 6년 고행苦行을 통하여 도를 깨달으신 다음, 49년 동안 중생들을 위해 설법을 하셨습니다.

이 때문에 자리후이타를 달리 '부처님들의 발심〔諸佛發心〕'이라고 칭합니다.

두 번째의 '**이타즉자리**利他卽自利'는 남을 이롭게 하는 것이 곧 나를 이롭게 하는 것이므로, 남을 이롭게 하는 일을 뒤로 미루지 말고 꾸준히 행하라는 것입니다. 곧 남을 이롭게 하는 것이 나의 복을 짓는 일이요 지혜를 닦는 일이라고 보는 견해입니다.

달리 말하면, 내가 다 갖추고 나서 남을 이롭게 하는 것이 아니라, 현재의 능력으로 행할 수 있는 만큼 남을 이롭게 하며 살라는 것입니다. 예를 들어 물질적으로 베풀 능력이 없으면 상대방의 말을 잘 들어주고 위로하여, 그 사람으로 하여금 평안을 얻게 하고, 스스로가 반성을 하여 지혜로운 삶을 살 수 있게 하는 것 등입니다.

곧 자비심을 품고 남의 행복을 생각하며 살면 '이타즉자리'가 시작된다는 것이며, 그 대표적인 인물로는 지장보살을 꼽습니다. "모든 중생을 다 제도한 다음 성불하겠다"고 하신 지장보살의 원願이야말로 '이타즉자리'의 극치이며, 이 때문에 이타즉자리를 달리 '보살발심菩薩發心'이라고 칭합니다.

그러나 '자리후이타'와 '이타즉자리'는 중생의 근기根機에 따른 논의일 뿐, 궁극적으로는 같은 내용입니다. 서로를 믿고 이해하고 사랑하여 '함께 이익되고 함께 살아나고 함께 깨어나자'는 것입니다.

따라서 '이타즉자리'를 행하는 이라면, 내가 능력을 갖추지 못할 때는 남을 제대로 이롭게 하지 못할 뿐 아니라, 오히려 남에게 동화되어 그릇된 길로 빠져들 수도 있다는 것을 언제나 기억해야 합니다.

또 '자리후이타'의 길을 걷는 이라면, 나의 성취와 완성을 앞세우더라도 언제나 자타일시성불도自他一時成佛道나 이타利他의 대원大願을 품고 정진해야 하며, 이러한 원이 없으면 결코 큰 성취를 이루지 못한다는 것을 꼭 명심해야 합니다.

실로 남과 더불어 사는 이 법계에서는 자리와 이타가 결코 떨어질 수 없는 관계에 있으므로, 늘 서로를 믿고 이해하고 이익되게 하고자 노력하여야만 평화롭고 행복하게 살 수 있습니다.

그런데 자신만을 이롭게 하고 자신만의 행복을 위해 살아간다면 어떻게 되겠습니까? 그의 앞에는 불행의 문이 활짝 열리고 불안한 투쟁의 벌판이 펼쳐질 수밖에 없습니다.

불법을 배우는 불자들은, 내가 힘을 갖추어 남을 이롭게 하고 남을 이롭게 하면서 나를 더 향상시키는 것, 더 나아가 '나와 남이 둘이 아니요 나의 이익과 남의 이익이 다를 바가 없다'는 동체대비同體大悲를 체득하는 것이 자리이타의 가르침이라는 것을 꼭 기억해야 합니다.

### 분수를 넘어서면 스스로가 훼손된다

이제 이러한 원리에 입각한 「보왕삼매론」의 아홉 번째 가르침을 함께 살펴보도록 합시다.

> "이익을 분에 넘치게 바라지 말라. 이익을 바람이 분을 넘게 되면 어리석은 마음이 요동을 치고, 어리석은 마음이 요동을 치면 반드시 추한 이익이 나를 훼손시키느니라."

정녕 보왕삼매寶王三昧를 닦는 불자가 이익을 분수에 넘치게 바란다면 어떻게 되겠습니까? 자리이타는 물론이요, 자리自利만도 이룰 수가 없게 됩니다. 아니 자리自利는커녕 스스로를 그르치는 자훼自毁와 스스로를 망치는 자멸自滅의 길로 빠져들게 됩니다.

이제 추악한 이익 때문에 자신을 훼손시킨 옛이야기 한 편을 함께 음미해 봅시다. 실학자로 유명한 박지원朴趾源 (1737~1805) 선생이 직접 듣고 『연암집燕巖集』에 수록한 이야기입니다.

❀

중국과 인접한 평안북도 의주 땅에 한 상인이 있었습니

다. 그는 의주와 중국을 오가며 조선의 물건을 중국에 팔고 중국의 물건을 조선에 파는, 속칭 '보따리 장사'였습니다.

어느 날 그는, '국경을 넘나들며 어렵게 장사를 하느니, 목이 좋은 곳에 자리를 잡고 앉아 장사를 해야겠다'는 생각이 강하게 일었습니다. 그러나 문제는 돈이었습니다. 이 궁리 저 궁리를 하던 끝에 그는 자주 거래를 하던 중국 상인을 찾아가 부탁을 했습니다.

"조선에 눌러앉아 장사를 하고 싶은데 자본금을 빌려줄 수 있겠습니까? 은혜는 결코 잊지 않겠습니다."

여러 차례의 거래를 통하여 신용을 쌓은 탓인지, 중국 상인은 선뜻 응낙했습니다.

"나를 믿고 부탁하는 것이니 빌려드리지요."

"감사합니다. 꼭 돈을 벌어 원금도 갚고 이자도 갚겠습니다."

"이자에 너무 신경 쓰지 말고 사업이나 열심히 하시구려. 사업이 잘되면 나도 보람되지 않겠소?"

의주 상인은 중국 상인으로부터 빌린 돈으로 가게를 차려, 진귀한 물건들을 갖추어 놓고 손님을 끌었습니다. 원래부터 수완이 좋았던 그인지라 장사는 불같이 일어났고, 채 3년도 되기 전에 큰돈을 벌어 빌렸던 자본금과 이자를 충분히 갚아줄 수 있게 되었습니다.

사업에 성공을 하였으니 고마워서라도 빌렸던 돈을 빨리 갚아주어야 할 것인데, 돈을 갚자니 갑자기 생돈을 잃는 듯이 배가 아팠습니다. 마침내 마음이 변한 그는 돈을 떼어먹기 위해 여러모로 궁리를 하다가, 중국으로 가는 친구 편에 거짓말을 전하도록 했습니다.

"자네가 가서 전해주게. 사업에 실패하여 빌린 돈을 모두 날렸을 뿐 아니라, 가산마저 탕진하여 속을 끓이다가 죽었다고. 사람이 죽었다는데 돈을 돌려받겠다고는 하지 않겠지."

"아니, 나더러 거짓말을 하라는 말인가?"

"여비를 넉넉히 보태주겠네. 잘 부탁함세."

친구는 거짓말을 전하고 싶지 않았지만, 신신당부를 하고 여비도 넉넉히 주는 바람에 중국 상인을 만나 의주 상인이 시킨 대로 전했습니다. 그러자 중국 상인은 슬픈 표정을 지으며 말했습니다.

"좋은 사람이었는데 정말 아깝습니다."

그리고는 눈물을 흘리며 제문祭文을 짓고, 조의금까지 주면서 유족에게 전해달라고 했습니다. 친구는 중국 상인의 큰 마음가짐에 감격하여 사실을 털어놓고 싶었지만, 이미 '엎질러진 물'인지라, 제문과 조의금을 받아 몇 달 만에 의주로 돌아왔습니다.

그런데 그가 떠날 때 멀쩡했던 그 의주 상인이 '얼마 전에 병이 나서 바로 하루 전에 세상을 떠났다'는 소식이 기다리고 있었습니다. 또 어떻게 하든 살겠다며 좋다는 약들을 다 구해 먹고 날마다 무당을 불러 굿을 하느라, 그 많던 재산을 모두 탕진했다는 것입니다.

결국 중국 상인이 보내준 조의금은 장례 비용으로 쓰였으며, 그가 써준 제문은 휴지가 아닌 실제의 제문이 되었습니다.

༄

이 의주 상인이 죽은 까닭은 무엇일까? 그것은 마음가짐입니다. 마음가짐이 죽음의 씨가 된 것입니다. 자신의 추악한 이익을 위해 죽음의 씨를 심은 것입니다.

죽음의 씨를 심는 줄도 모르고 남의 돈을 떼어먹고자 했던 그 몰염치한 생각, 당연히 갚아야 하고 갚을 능력이 되었는데도 은혜를 저버리고 자신의 이익만을 챙긴 이기심利己心. 이것이 바로 치심癡心입니다.

치심은 흔히 '어리석은 마음'으로 번역합니다. 왜 어리석다고 하는가? '그렇게 되게끔 되어 있는' 인과의 법칙, 진리의 법칙을 모르기 때문에 어리석다고 합니다.

더 분명히 말하면 치심은 무명심無明心입니다. 밝음이 없는 마음, 어두운 마음입니다. 어둡기 때문에 갈 길을 잃고 방황을 합니다. 그래서 광명정대함을 잃고 방황하는 삶을 어리석은 삶이라고 하는 것입니다.

그러나 이 어리석은 치심은 탐욕이나 분노의 감정처럼 쉽게 느낄 수 있는 것이 아닙니다. 그나마 우리가 느낄 수 있는 것은 치심의 한 부분인 이기심입니다. '나'의 이익에 집착하는 이기심.

이 이기심은 잠깐 동안 우리를 만족시켜 줍니다. 하지만 그 만족은 오래가지 않습니다. 잠깐의 만족이요 즐거움일 뿐입니다. 곧바로 이기심의 과보가 다가오기 때문입니다.

그리고 '나'만의 이익을 추구하는 이기심을 당연하게 여기고 내버려 두면 이기심이 '나'를 어둠 속에 가두어 버립니다. 이 이기심을 진하게 가지면 가질수록 밝은 빛을 차단하는 막이 더욱 두터워집니다.

이렇게 이기심이 두터워지면 '나에게 맞는다, 맞지 않는다'고 하는 분별심이 커지게 되고, 분별심이 커지면 주변 사람이나 세상에 의해 피해를 입지 않을까 하는 두려움을 느끼게 되며, 두려움에 빠져들면 자기를 보호해야 한다는 강박관념 속에서 다른 사람을 파괴하려는 무의식적인 충동을 느끼게 됩니다.

또한 이기심은 정신적인 면뿐만 아니라 육체까지도 굳고 경직되게 만듭니다. 이기심으로 인해 육체의 여러 부분에 긴

장감이 생겨나고 몸 전체가 위축되며, 건강을 유지하는 데 꼭 필요한 생명 에너지가 크게 줄어들어, 알 수 없는 병을 부르고 수명까지도 좌지우지하게 되는 것입니다.

결국 '나'의 이익을 분에 넘치게 바라면 '이기심'이라는 어리석은 마음(癡心)이 '나'를 뒤덮고, 이 이기심이 정신적으로 육체적으로 갖가지 문제를 일으켜서, 심하게는 의주의 상인처럼 죽음을 재촉하게 되는 것입니다.

**분수 이상의 이익추구는 번뇌**

물론 분수에 맞게 이익을 구해야 한다는 것은 누구나 알고 있습니다. 노력한 만큼 거두는 것이 원칙이라는 것도 알고 있습니다. 그러나 어둡기 때문에, 어리석기 때문에 순간의 욕심으로 더 많은 이익이 돌아오기를 원합니다.

실로 인간의 이기심과 욕심은 끝이 없습니다. 그 흐름을 따라가면 만족할 날이 없습니다. 세상의 돈을 다 가질지라도 욕심을 충족시킬 수 없고, 모든 것을 내 마음대로 할지라도 이기심을 만족시킬 수 없습니다. 이익이 남으면 더 큰 이익을 바라게 되고, 더 큰 이익과 욕심을 좇아 죽음의 그날까지 끝없이 끝없이 흘러내려 갑니다.

바로 이것이 치심의 장난이요 이기심의 장난입니다. 치심이나 이기심은 매우 진지한 듯하지만 구름과 같이 실체가 없습니다. 본래 공空한 존재입니다.

그런데 구름과 같이 실체가 없는 이기심을 계속 살아남게 하려면, 생각이 끊임없이 밖으로 밖으로 뻗어 나가야 합니다. 따라서 스스로의 참생명 유지를 위해 안으로 반성하고 되돌아보도록 하는 것이 아니라, 밖에서 가치를 찾고 성공을 추구하도록 만들어 버리는 것입니다.

바깥으로의 이익 추구에 몰두하는 이 이기심의 흐름은 평화롭지 못하기 때문에 끊임없이 번뇌를 불러일으키고, 마침내는 인간성의 상실과 함께 파산과 멸망으로 인도합니다.

정녕 우리는 치심이나 이기심이 조정하는 대로 분에 넘치는 이익을 좇아 흘러 다녀서는 안 됩니다. 그 조짐이 보이면 즉각 제동을 걸어야 합니다.

어떻게 제동을 걸어야 하는가?「보왕삼매론」은 다음과 같이 설하고 있습니다.

> "세상의 이익이란 본래 공空한 것. 분에 넘치는 이익은 번뇌만 키우나니, 이익을 허망되이 구하지 말지어다."

이 말씀은 '분에 넘치는 이익을 바라는 주체가 무엇인지를 알라'는 것입니다. 분에 넘치는 이익을 추구하는 주체가 치심이요 어리석음이라는 것을 알고, 치심과 이기심이 본래부터 알맹이가 없는 공한 것임을 알아야 한다는 것입니다.

누가 공한 것을 애써 잡으려 합니까? 공하다는 것을 알면 집착을 하지 않게 되고, 집착을 하지 않으면 바로 깨어나 원래의 자리로 돌아갈 수가 있게 됩니다.

실로 인생살이에 있어 이익은 올 만큼 오는 것입니다. 일도 할 만큼 하고, 이익도 일한 만큼 오는 법입니다. 나의 마음가짐과 노력에 맞게 다가오는 법입니다.

그야말로 인생은 본전 놓고 본전 먹기일 뿐입니다. 이것이 법계의 법칙입니다. 바란다고, 욕심을 부린다고 잘되는 것이 아닙니다. 분에 넘치게 이익을 바라면 오히려 번뇌만 커질 뿐입니다.

그리고 시간이 흘러가면 이익이 아니라 번뇌가 문제로 자리를 잡습니다. 이기심이 끊임없이 엉뚱한 의견을 내어놓아, '나'로 하여금 좋아하고 싫어하고 추측하고 비교하고 판단하고 불평하는 각종 번뇌 속으로 빠져들도록 만듭니다. 그리고 나의 생명력을 갉아먹는 이 번뇌들이, 나의 삶을 구속 가득한 노예처럼 만들어 버립니다.

우리는 마음속으로 찾아드는 '분에 넘치는 이익·돈·명예' 등을 비우면서, 언제나 거듭거듭 새롭게 깨어나야 합니다. 밖을 향해 내달릴 것이 아니라, 항상 자기를 되돌아보면서, 치심과 이기심의 장난으로부터 깨어나야 합니다. 깨어나서,

'그렇게 되게끔 되어 있는' 법法에 맞게 살아야 합니다.
　그럼 어떻게 하는 것이 법에 맞게 사는 것인가? 분에 넘치는 이익을 허망되이 구하기보다는 자리이타의 길이 무엇인가를 돌아보며 살아야 합니다. 그리고 법에 맞게 살기 위해서는 이기심이나 치심이 일으키는 번뇌에 속지 않고 휩쓸리지 않는 공부를 하며 살아야 합니다.
　그 공부가 어떠한 것인가? 남을 믿고 이해하고 함께 이롭게 하고자 노력하는 것입니다. 참회·참선·염불·경전공부·주력·봉사 등의 자기를 돌아보는 공부를 하는 것입니다.
　이러한 공부들을 평소에 꾸준히 하게 되면 이기심이나 번뇌가 일어나도 그것을 좇아가지 않게 되고, 저절로 분에 넘치는 이익을 추구하지 않게 됩니다. 또한 뜻밖의 이익이 생기면 그것을 지혜롭게 쓸 수 있게 되고, 차츰 복력福力이 쌓여 무궁한 행복을 누릴 수 있게 됩니다.

　이 기회를 통하여 사업 등 이익을 보는 일에 자꾸 실패를 하는 분들께 한 말씀 드리고자 합니다.
　사업을 자꾸 실패하는 큰 원인 가운데 하나는 치심이 만든 업, 이기심이 조장한 업의 작용 때문입니다. 따라서 그러한 때가 닥치면 자기도 모르게 차 있는 이기심의 업, 치심의 업을 먼저 비워야 합니다. 이기심이라는 구정물을 비워 버려야 합니다. 치심의 먼지들을 털어 내어야 합니다.

 그 방법이 무엇인가? 돈이 생기면 남의 빚부터 먼저 갚고자 하고, 참회로써, 염불로써, 참선 등의 수행으로 자신의 속을 씻어 내어야 합니다. 그리고 그다음에 새로운 것을 담아야 합니다.

 계속 사업이 안 될 때는 일단 멈추십시오. '조금만 더, 조금만 더'를 외치며 억지로 나아가거나, '이번이 마지막'이라며 다시 시작하지 말고, 비우고 털어 내고 씻어 내는 일부터 먼저 하십시오. 그래야만 어둡던 무명심無明心이 밝아지고 어리석은 치심이 지혜로 바뀌게 되어, 새로운 것을 능히 잘 담을 수 있게 됩니다.

 가만히 생각해 보면 세상살이는 한판의 연극과도 같습니다. '본전 놓고 본전 먹기'의 인생인데도, 이기심이 요구하는 이익과 명예와 권력의 덫에 걸려 허겁지겁 사는 경우가 많습니다.

 우리는 맡은바 배역에 따라 멋들어지게 연극 한바탕 잘하고 가야 합니다. 스스로의 진실을 체험하며 향상의 길로 나아가는 삶을 살아야 합니다. 그렇게 하기 위해서는 지금 우리가 집착하고 있는 것들에 대해 얼마간의 거리를 둘 필요가 있습니다.

 너무 가까이 있으면 잘 보이지 않지만, 조금 떨어지면 잘

볼 수 있기 때문입니다. 이와 같은 맥락에서 「보왕삼매론」
은 결론을 내리고 있습니다.

"그러므로 대성인이 '이익 멀리함을 부귀로 삼아라'
하셨느니라."

그냥 찾아드는 이익을 멀리하라는 말씀이 아닙니다. 분에
넘치게 이익을 바라는 것을 멀리하고, 노력한 만큼 얻는 떳
떳함으로 부귀를 삼으라는 가르침입니다.

이제 참된 평화와 자유, 진정한 기쁨과 이익이 무엇인지를
깨우쳐주는 한 편의 이야기로써 마무리 짓고자 합니다.

당나라 때의 남악나찬南岳懶瓚 선사는 형산衡山 꼭대기의
바위굴에 은거하여 수행하였으나, 그 깊은 도력은 황실에까
지 알려졌습니다. 선사를 만나 보고 싶어 했던 황제 덕종德
宗은 사신을 선사의 바위굴로 파견하여 궁중으로 초대하는
친서를 전했습니다. 그러나 나찬 선사는 친서를 펴 보지도
않은 채, 쇠똥으로 지핀 불에 토란을 구워 먹고만 있었습니
다.

"무례하게 황제 폐하의 뜻을 무시하다니! 중벌을 면치 못
할 것이오."

사신의 화난 음성을 듣고 선사는 말했습니다.

"허허, 죽고 사는 것을 근심하지 않는데, 무엇을 더 걱정

하겠는가? 과거는 이미 지나갔고 미래는 추측할 수조차 없거늘, 왕의 편지가 지금의 나에게 무엇이란 말인가? 배고프면 토란을 구워 먹고 고단하면 잠을 잘 뿐, 달리 무엇을 근심하랴."

화가 난 사신은 궁궐로 돌아가 선사의 말과 무례를 고하고, 선사를 중벌로 다스릴 것을 청했습니다. 이에 덕종은 깊은 한숨을 쉬며 말했습니다.

"아! 짐은 그 '토란스님'의 무욕無欲과 평화가 한없이 부럽구나."

⸙

잘 음미하시어 참된 이익, 참된 삶을 위한 한 조각의 불씨를 마련하기를 두 손 모아 축원 드립니다.

나무마하반야바라밀.

## 10. 억울함을 향상의 기회로

억울함을 당하여 자꾸 밝히려고 하지 말라.   被抑不求申明
억울함을 자꾸만 밝히고자 하면   抑申明則
상대와 나를 잊지 못하고   人我未忘
상대와 나를 두게 되면 반드시   存人我必
원망과 한이 무성하게 자라느니라.   怨恨滋生
억울함을 받아들여 능히 참고 용서하라.   受抑能忍
참고 용서하면 겸허하게 바뀌나니   忍抑爲謙
억울한 일이 어찌 나를 상하게 하리.   抑何傷我
그러므로 대성인이   是故大聖化人
'억울함을 수행의 문으로 삼으라' 하셨느니라.   以受抑爲行門

### 어처구니없는 억울한 일들

세상을 살다 보면 뜻하지 않게 억울한 일을 당할 때가 있습니다.

· 잘못한 것이 없는데 '잘못했다'고 할 때
· 시키는 대로 열심히 하였는데 결과가 '잘못되었다'고 꾸중을 할 때
· 상관이 '책임을 진다'고 하여 내키지 않은 일을 마지못해 하였는데 혼자서 문책을 당할 때
· 여러 사람이 함께 일했는데 혼자만 잘못을 뒤집어쓸 때
· 남편이나 자식이 어렵게 성공을 하여 '이제부터 잘 살 것'이라며 기대를 하고 있는데 갑자기 죽거나 큰 병이 걸릴 때
· 어려운 환경 속에서 남편을 뒷바라지하였는데 출세를 하자 배신을 할 때
· 정성 다해 아들을 키워 결혼을 시켰더니 제 아내만 '좋다' 하면서 부모의 말을 듣지 않거나 발길을 끊을 때
· 맏이가 아닌데도 자식이 부모를 모시고 살았더니 장남인 형이 상속을 독차지할 때
· 열심히 노력하는 데도 매번 운세가 '나'를 외면할 때
· 같은 금액을 투자하였는데 이익금을 남보다 적게 받을 때
· 남이 고의로 부도를 내었는데 보증을 섰다는 이유로 재산을 몰수당할 때
· 나라의 법이 갑자기 바뀌어 계획했던 일을 할 수 없게 되거나 피해를 볼 때
· 남의 모함을 받아 명예가 훼손되거나 구속되었을 때

또 죽음에 임박하여 멋진 옷 한번 제대로 입어 보지 못하여 억울하고, 좋은 집에 못 살아보아 억울하고, 맛있는 음식 마음껏 못 먹어 억울하다는 이. 가보고 싶었던 곳에 여행 한번 못 해 보고 죽게 되어 억울하다는 이들도 있습니다.

곧, 쫓기며 살고 고생하며 살고 정신적인 여유 없이 살아온 자신의 인생살이 자체에 대해 후회하고 억울해하는 것입니다.

뿐만이 아닙니다. 소소한 일에 대해서도 억울한 감정이 수도 없이 솟구칩니다.

세금을 내고 몇 년이 지난 후 세금납부 독촉장이 날아와 항의를 하였더니 영수증이 없으면 다시 내어야 된다고 할 때, 나이가 많다거나 적다고 무시를 할 때, 주위의 친구들로부터 따돌림을 당할 때에도 자존심 상해하고 억울하게 생각합니다.

이렇듯 큰 억울함, 작은 억울함, 자신의 삶에 대한 억울함, 남으로부터 받게 된 억울함을 가릴 것 없이, 억울한 일을 당하였다고 느껴지면 그 즉시 속이 답답해지고 원통함을 견디지 못합니다.

다행스럽게도 그 억울함이 용납되고 이해가 되면 억울함을 가슴에 묻지 않지만, 억울함이 용납되지 않으면 화병火病을 부르며, 그 억울함을 깊이 품고 죽게 되면 원귀怨鬼가 되거나, 환생을 하여 복수를 하게 됩니다.

❀

약 50년 전, 경상남도 거창居昌에 늙은 내외가 단출하게 살고 있었습니다. 넓은 논과 밭에 과수원까지 가지고 있어 살림이 매우 넉넉하였고 부부 사이의 금슬도 매우 좋았지만, 슬하에 자식이 없었습니다. 가끔씩 두 내외는 팔자를 탓하였습니다.

"전생에 무슨 죄를 지었기에 자식이 없는 건가? 딸이라도 하나 두었더라면 이렇게 적적하지는 않을 텐데…."

"지금이라도 양자를 들이면 어떻겠소?"

"그것도 좋겠군요. 우리가 죽고 나면 이 많은 재산을 물려줄 사람도, 제사를 지내줄 사람도 없을 테니…."

노인 내외가 양자를 들였으면 한다는 소문이 퍼지고 얼마 지나지 않아, 이웃 마을에 사는 젊은 내외가 수시로 찾아와 집안일도 거들고 말벗도 되어주며, 입안의 혀처럼 두 노인의 가려운 곳을 헤아려주었습니다.

차츰 그들에게 정이 든 두 노인은 친자식처럼 믿고 사랑하게 되었으며, 그들이 찾아오지 않는 날이면 '무슨 일이 생기지 않았나' 걱정까지 하게 되었습니다. 마침내 두 노인은 일가친척과 마을 사람들을 모아 젊은 내외를 양자로 삼을 것을 밝히고 호적에 입적을 시켰습니다.

"여보 할멈, 우리가 자식 복이 없어 걱정을 하였더니, 하늘이 양자 복을 주셨구려."

"그러게 말입니다. 친자식이라 하여도 이렇게 지극정성으로 봉양하지는 않을 겁니다."

큰 집에 두 늙은이만 적적하게 살다가, 양자 내외의 대접을 받으며 정겹게 살아가는 생활이 그렇게 행복할 수가 없었습니다. 어느 날 할아버지가 말했습니다.

"이제 저 아이들에게 우리의 노후를 맡겨도 되겠어. 재산을 저 아이의 이름으로 넘겨주는 것이 어떨까?"

"영감 생각대로 하시구려."

두 내외가 양자 부부에게 재산을 넘겨주고 3년도 되지 않았을 때 할아버지가 세상을 떠났습니다. 이때부터 젊은 양자 부부의 태도는 돌변했습니다. 외톨이로 남게 된 할머니에게 아기를 돌보게 함은 물론이요 힘든 농사일을 도맡아 시켰고, 끼니조차 신경을 쓰지 않았습니다.

돈도 없고 갈 곳도 없었던 할머니는 빈방에 앉아 한숨과 눈물과 외로움으로 가슴 아픈 세월을 보내며, 양자 부부에게 속아 재산을 모두 물려준 것을 후회했습니다. 할머니는 하루에 열두 번도 더 중얼거렸습니다.

'영감이 죽었다고 나를 이토록 괄시합니다. 정말 억울해 못 살겠소. 영감, 빨리 와서 나를 데리고 가시구려.'

그렇게 할머니는 얼마 동안 한을 품으며 살다가, 양자 부부의 학대를 견디다 못해 '영감'을 부르며 목을 매어 자살을 하고 말았습니다.

그런데 곧이어 양자의 아내가 임신을 하였고, 만삭을 지나 난산 끝에 아들을 낳았습니다. 아기는 기형아인 양두아兩頭兒였습니다. 그것도 왼쪽 머리는 양부의 얼굴이요 오른쪽 머리는 양모의 얼굴이었습니다.

놀란 산모는 기절을 하여 죽었고, 양자는 양부모의 모습을 한 그 기형아를 볼 때마다 무서워서 견딜 수가 없었습니다. 그는 반미치광이에 폐인이 되어 고통 속의 나날을 보내다가, 기형아인 아들의 목을 졸라 죽이고 자신도 농약을 먹고 자살했습니다. 그날이 할머니의 제삿날이었습니다.

### 꼭 넘어서야 할 억울한 감정

이 이야기에서처럼, 깊은 억울함은 원한을 키우고, 원한이 깊으면 꼭 복수를 합니다. 그리고 복수가 끝나야 갈 길을 갑니다. 그렇다고 하여 그다음의 길이 순탄하겠습니까? 아닙니다. 고난과 불안과 재앙의 길일뿐입니다.

우리는 꼭 명심해야 합니다. 억울함을 마음 깊이 새겨 원결怨結을 맺게 되면, 결국은 나도 남도 함께 죽이게 됩니다.

서로를 살리는 삶이 아니라 서로를 죽이는 삶을 살아가게 됩니다. 그래서 「보왕삼매론」은 우리에게 간곡히 당부를 하면서 그 원리를 설합니다.

> **"억울함을 당하여 자꾸 밝히려고 하지 말라. 억울함을 자꾸만 밝히고자 하면 상대와 나를 잊지 못하고, 상대와 나를 두게 되면 반드시 원망과 한이 무성하게 자라느니라."**

억울함! 이것은 '나에게는 잘못이 없다'는 데서 시작됩니다. 실컷 잘해주었더니 돌아오는 것이 '정반대'라는 것입니다. 따라서 억울한 일을 당하면 어처구니가 없어지고 자존심이 깊이 상하게 됩니다.

그리고 큰 억울함을 당하면 '억울해서 못 살겠다'고 할 만큼 견디기가 힘이 듭니다. 상대를 용서할 수가 없고, 어떻게 해서라도 되갚아주고 싶어집니다. 억울함만은 밝혀야 한다고 소리칩니다.

'어떻게 그와 같은 억울함을 그냥 넘겨? 밝혀! 꼭 밝혀야 해. 싸워서라도 밝혀. 그냥 참고 있으면 너만 바보가 되는 거야.'

'나'의 편이 되어주는 자아의 속삭임은 참으로 옳은 듯이 들리게 되고, 용기를 얻은 '나'는 억울함을 털어놓고 억울함을 밝히기 시작합니다.

물론 내가 당한 억울함을 지혜롭게 밝힐 때는 잘 해결이 됩니다. 맺힌 감정이 풀리고 화해와 밝음으로 돌아섭니다.

그러나 그 밝힘이 자존심을 상하게 한 데 대한 보복이 되어 버리거나 감정싸움이 될 때는 자꾸만 그릇됨으로 나아갑니다. 냉정한 이성으로서가 아니라, '내가 옳다'는 감정이 앞서 있기 때문에 쉽게 매듭이 풀리지를 않습니다. 더욱이 상대의 부정적인 반응을 접하게 되면 스트레스만 쌓이고 미움만 더욱 짙어집니다.

그래서 「보왕삼매론」은 '억울함을 자꾸 밝히려고 하지 말라'고 한 것입니다. 한 걸음 더 나아가 「보왕삼매론」에서는 금강경의 '4상四相'을 도입하여 그 까닭을 밝힙니다. 곧 "억울함을 자꾸 밝히고자 하면 상대와 나를 잊지 못하고〔抑申明則人我未忘〕"의 '상대〔人〕는 인상人相', '나〔我〕는 아상我相'인 것입니다.

모든 인간관계는 아상我相·인상人相·중생상衆生相·수자상壽者相의 4상을 벗어나지 않습니다. 우리는 금강경의 4상을 어렵게 생각하고 있지만, 이 4상을 인因·연緣·업業·과果의 인연법으로 풀면 쉽게 이해할 수 있습니다.

아상我相은 인因이요 인상人相은 연緣이며, 중생상衆生相은 업業이요 수자상壽者相은 과果입니다.

인과 연이 화합하여 업을 만들고 과보를 받는 것과 같이,

'나'라는 아상이 '너'라는 인상을 불러일으켜, '나와 너' 사이에서 생각으로 말로 행동으로 짓게 되는 각종 번뇌의 업을 중생상이라 하며, 그 업에 따라 받게 되는 나고 죽음 등의 각종 과보가 수자상인 것입니다.

곧, '내로다' 하는 생각(我相<sup>아상</sup>)이 있으면 '네가 뭔데' 하는 인상人相이 생기고, 서로가 '나는 잘났고 잘못은 네 탓'이라는 부정적인 감정을 일으키다 보면 자연히 나쁜 업을 짓게 되며(衆生相<sup>중생상</sup>), 결국은 생멸生滅과 고苦에 빠져 허덕이는 수자상壽者相의 과보를 누리며 살 수밖에 없는 것입니다.

그러므로 참으로 잘살고자 한다면, 무엇보다 먼저 아상을 다스릴 줄 알아야 합니다. 남과의 관계 속에서 걸핏하면 자존심을 부리는 이 '나'가 하늘의 구름처럼 고유한 실체가 없는 거짓 나인 줄을 알아서, '내로다' 하는 생각이 일어나면 그 씨(因<sup>인</sup>)를 잠재워야 합니다.

그 씨를 잠재우면 '네가 뭔데'라는 생각(緣<sup>연</sup>)도 저절로 없어지고, 번뇌로 들끓는 중생상(業<sup>업</sup>)도, 고통이 가득한 수자상(果<sup>과</sup>)도 자취를 감춥니다.

이제 '억울함'을 이 4상에 대입시켜 봅시다. '나의 자존심을 상하게 한 억울함'을 자꾸 밝히려고 하다 보면, '내가 억울함을 당했다는 생각(我相<sup>아상</sup>)'과 '억울함을 준 상대라는 생각(人相<sup>인상</sup>)'이 점점 더 강해지면서, 괘씸함·미움·증오 등이 치솟아 감정의 골이 더욱 깊어지고〔衆生相〕, 마침내는 원한의 앙갚음이라는 결과〔壽者相〕를 초래하게 되는 것입니다.

반대로 '나와 남'이 부딪쳐 억울함을 당하였을 때 아상을 내세우지 않게 되면, 적대적인 감정들이 저절로 사라져서, 고난의 과보에 빠져들지 않게 되고, 그릇된 업보의 매듭이 풀려 행복을 누릴 수 있게 됩니다.

하지만 억울함을 당하여 '나'를 죽이기란 쉽지가 않을 것입니다. 더욱이 "억울함을 밝혀라. 싸워라"고 하는 자아의 음성이 들릴 때는 참기가 매우 어려워집니다.

그러나 「보왕삼매론」 제2 '세상살이에 고난 없기를 바라지 말라'에서 우리가 함께 살펴보았듯이, 내가 받지 않을 고난과 억울함은 결코 나에게 오지 않습니다. 모든 이가 죽는 큰 사고에서도 멀쩡하게 살아남는 이가 있고, 전쟁중에서도 오히려 명예와 부를 얻는 이가 있듯이….

지금 억울함을 받고 있다면, 보이지 않고 느끼지 못할지언정 그 언젠가 내가 지은 업의 과보가 찾아온 것일 뿐입니다.

그러므로 우리는 지금의 억울함을 잘 극복해야 합니다. 지금의 억울한 감정을 잘 넘어서야 합니다. 그리하여 매듭을 풀고 행복의 길로, 향상의 길로 나아가야 합니다.

### 억울함 받아들이기

그럼 어떻게 하여야 억울한 감정을 잘 넘어설 수 있는가? 이에 대해 「보왕삼매론」은 힘든 가르침을 내리고 있습니다.

"억울함을 받아들여 능히 참고 용서하라(能忍). 참고 용서하면 겸허하게 바뀌나니, 억울한 일이 어찌 나를 상하게 하리."

이 글 속의 첫 번째 가르침인 '억울함을 받아들인다(受抑)'는 것부터가 쉽지 않을 것입니다. 그러나 윤회의 흐름을 거슬러 향상의 길로 나아가고자 하는 불자라면 지금의 억울함을 받아들일 수 있어야 합니다. 또한, 행복을 원하는 이라면 이를 받아들일 줄 알아야 합니다.

그 까닭이 무엇일까요? 억울함을 감정적으로 처리하면 어떠한 해결도 볼 수 없기 때문입니다. 분노·증오·절망 등의 부정적인 감정에 '나'를 내맡기면 죄업만 더욱 커지기 때문입니다.

그러므로 감정적인 행동보다는, 다가온 억울함에 대해 저항하지 말고 **일단은 그대로 받아들일 줄 알아야** 합니다. 억울함에 대한 즉각적인 반응과 번뇌망상으로부터 **한 걸음 물러설 수 있어야** 합니다.

받아들임과 물러남! 이것은 억울하게 살겠다는 것이 아닙니다. 모든 것을 단념하라는 것이 아닙니다. 오히려 억울한 상황이나 감정에 빠져 살지 말라는 것입니다. 본분에 충실하면서, 오해가 풀릴 때까지 지혜롭게 대처하며 기다릴 줄 알아야 한다는 것입니다.

❀

부처님께서 교화를 시작한 지 얼마 지나지 않아 라자그리하〔王舍城〕에서 산자야의 제자 5백 명이 모두 불제자가 되자, 산자야는 억울함을 참지 못해 피를 토하고 죽었습니다.

또한 상류 가정의 자제들이 잇달아 출가하였으므로, 라자그리하의 시민들은 걱정을 하면서 부처님이 자식을 빼앗아 가는 사람처럼 소문을 퍼뜨렸습니다. 그리고 부처님의 제자를 만나면 다음과 같은 노래를 불렀습니다.

"라자그리하에 한 사문이 나타나 산자야의 제자를 모조리 빼앗아 갔네. 이다음은 또 누구를 유혹할까?"

제자들로부터 이 일을 전해 들은 부처님께서는 말씀하셨습니다.

"그와 같은 비난의 소리는 7일도 못 가서 사라지고 말 것이니, 동요하지 말고 정진하여라. 또 그와 같은 노래를 들으면 다음과 같이 대답하는 것이 좋을 것이다."

　"위대하신 여래는 정법으로 이끄신다
　법에 의해 나아가는 지혜로운 이에게는
　시기하는 마음이 털끝만큼도 없다네"

과연 7일이 되자, 거리에서는 비난의 소리가 자취도 없이 사라졌습니다.

◊

우리 불자들이 비난을 받고 억울함을 당하였을 때는 이와 같이 대처를 하여야 합니다. 비난을 없애려고, 억울함을 밝히려고 논쟁을 전개하거나 정열을 쏟지 말아야 합니다. 오직 바른 법에 의지하여 본분에 충실하면 그뿐입니다. 오히려 비난을 쫓아가고 억울함에 사무치면 그때부터 불행에 휘말리게 됩니다.

헛된 것은 저절로 사라지기 마련이므로, 헛된 오해나 비난이라면 저절로 사라질 때까지 기다릴 줄 알아야 합니다. 기다림! 이것이 억울함을 당하였을 때 대처하는 첫 번째 지침입니다.

단, 국가의 법이 잘못되어 피해를 당했을 때는 반드시 억울함을 밝혀야 합니다. 그래야만 더 이상, 그 일로 인해 억울함을 당하는 사람이 없어지고, 나라와 사회가 좋은 방향으로 나아가게 됩니다. 이것이 바로 민주주의의 발전입니다.

두 번째는 '**능인能忍하라**'는 것입니다. 능인은 '잘 참는다'는 뜻만 있는 것이 아니라, '**능히 참고 용서하라**'는 적극적인 뜻을 지닌 단어입니다. 바로 「보왕삼매론」의 가르침이 참는 것을 넘어서서 '용서한다'는 것입니다.

실로 큰 억울함을 당하였을 때 참고 지내기란 쉽지가 않습니다. 전혀 예상치도 않았던 억울함, 도저히 이해가 되지 않는 억울함을 당하였을 때 어떻게 참을 수가 있겠습니까?

그런데도 불교에서는 '참아라'고 합니다. 나에게 올 것이 왔으니 그냥 받아들여 '참아라'고 합니다. 빚을 갚는 기회이니 '참아라'고 합니다. 보이지 않는 전생의 업 때문이라며 '참아라'고 합니다. 참아서 빚을 없애고 업을 녹이라고 가르칩니다.

한 걸음 더 나아가 지금의 억울함을 끼친 상대를 용서하여 악연惡緣의 고리를 완전히 끊을 것을 가르칩니다.

잘 생각해 보십시오. 갚을 빚이 없으면 이제부터는 부자가 될 수밖에 없습니다. 이자나 쓸데없는 돈이 나가지 않기 때문입니다. 빚이 없으니 몸과 마음이 행복해지지 않을 수 없습니다. 빚 독촉을 받으며 괴로워하거나 빚을 갚기 위해 고민할 필요가 없기 때문입니다. 더욱이 빚을 갚으면서 서로의 잘못을 용서로써 모두 풀게 된다면….

억울함을 당하여 용서할 수 있는 사람! 다 용서하고 새 출발을 할 수 있는 사람! 그 사람이야말로 향상의 길로 나아가는 참된 불자요 거룩한 불자라고 칭송하지 않을 수 없습니다.

아울러 억울함을 당한 이 기회를 빌어 대청소를 해 보십시오. 조금 반성하고 맑히는 일상의 청소가 아니라, 전체를 비우고 맑히는 대청소를 하라는 것입니다.

대청소를 할 때는 집안의 물건들을 다 들어내고 구석구석의 먼지를 제거합니다. 그리고는 필요한 것만을 다시 들여놓고 불필요한 것은 과감히 버립니다.

가끔씩 인생살이에도 대청소가 필요한데, 억울함을 당했을 때가 대청소를 하기에 가장 적절한 시기임을 잊지 마십시오.

특히 남녀 간의 문제, 인간관계로 인한 억울함을 당하였을 때는 미련을 두거나 굳이 밝히거나 질질 끌려다니지 말고, 과감하게 마음 정리를 하는 대청소를 하는 것이 좋습니다.

그런데 억울함을 당하였을 때 기다릴 수도 없고 참고 용서할 수도 없고 대청소를 할 수도 없는 경우가 있습니다. 정말 참을 수가 없고 용서할 수가 없습니다.

그럴 때는 어떻게 해야 하는가? 억울함을 호소해야 하는가? 분노를 폭발시켜야 하는가? 아닙니다.

기도를 하십시오. 상대를 탓하는 기도가 아니라 '나'의 맺힌 업을 푸는 참회기도를 하십시오.

물론 상대를 탓해도 좋습니다. 억울한 푸념을 털어놓아도 좋습니다. '억울하다'고 소리쳐도 좋고 흐느껴도 좋습니다.

그러나 이 모두는 불보살님 앞에서 하십시오. 그런 다음, 모든 것을 불보살님께 내맡기고 보이지 않는 업력을 참회하며 무조건 '잘못했습니다' 하십시오. '기꺼이 받겠다'고 하십시오. '기꺼이 빚을 갚겠다'고 하십시오.

참회의 기도 속에서 억울함은 녹아내리고 마음은 평화를 얻게 됩니다. 부디 불보살님의 가피력을 믿고 기도하십시오. 특히 가족이나 가까운 이에 대해 억울한 감정이 샘솟을 때는 이 방법을 꼭 활용해 보십시오. 틀림없이 행복이 펼쳐지고 좋은 결과가 찾아들게 됩니다.

### 억울함이 열어주는 수행의 문

이제 「보왕삼매론」에서는 '**억울함을 수행의 문으로 삼으라**'는 말로 결론을 맺습니다. 억울함을 당한 그때를 수행의 기회로 삼아라는 것입니다. 먼저 이와 관련된 두 편의 이야기를 음미해 봅시다.

❀

1610년(광해군 2년), 당대의 고승인 부휴대사浮休大師와 그 제자인 벽암碧巖은 한 광승狂僧의 밀고로 '역적모의'라는 죄명을 쓰고 붙잡혀 지리산에서 서울의 포도청으로 압송되었습니다. 비록 큰스님이기는 하였으나 죄명이 역모였기에 문초 또한 여간 사납지 않았습니다.

그러나 스승과 제자의 얼굴에는 조금도 억울하다거나 고통스러워하는 기색이 없었습니다. 관리가 문초를 하면 조리 정연하면서도 당당한 언변으로 죄없음을 밝혔고, 옥중에 갇혀 있을 때는 시종일관 가부좌를 하고 앉아 선정에 들었습니다. 이를 살펴보던 관리는 생각했습니다.

'역모죄를 범하면 삼족을 멸한다. 삼족을 멸하는 죄를 지은 이가 저렇게 당당하고 평화로울 수 있을까?'

역모가 무고誣告임을 확신한 관리는 광해군께 아뢰었고, 직접 옥중으로 행차한 왕은 두 스님의 모습을 보고 깊은 존경심을 일으켜 법문을 청하였으며, 헤어질 때는 많은 하사품을 내려 무고를 위로하였습니다.

❦

부휴선사의 제자 중 고한孤閑이라는 도인이 있었습니다. 고한스님은 한 벌의 옷으로 평생을 입었고, 엄동설한에도 맨발로 다녔으며, 끼니로는 남이 남긴 찌꺼기 음식을 먹었습니다.

억불정책 시절인 조선시대에는 승려가 3대 천민 중 하나였기 때문에 스님들이 많은 핍박과 학대를 당하였습니다.

스님이 서울의 돈의문敦義門 밖을 지나갈 때, 불량소년 10여 명이 스님을 둘러싸고 희롱을 하였습니다.

"네놈은 도승道僧이냐? 거지 중이냐?"

"성불成佛, 성불成佛."

스님이 '부처님 되어라'는 성불만 되뇔 뿐 질문에 답을 하지 않자, 불량 소년들은 모래구덩이를 파서 완력으로 스님을 묻었습니다. 마침내 고한스님의 몸은 모래에 완전히 묻혀 얼굴만 남게 되었고, 그를 에워싼 소년들은 재미있다며 깔깔거렸습니다.

그때 옆을 지나가던 한 처사가 급히 스님을 구하였는데, 스님은 조금도 노하지 않은 온후한 낯빛으로 합장을 하고, 파묻은 아이들과 구해준 처사에게 되뇌었습니다.

"성불成佛, 성불成佛."

❧

목숨을 잃을지도 모르는 억울한 일을 당하였던 부휴·벽암·고한스님! 그런데 이들 스님은 너무나 태연했습니다. 그냥, 생生과 사死가 다를 바 없다는 듯이 한결같이 임했습니다. 더욱이 고한스님은 '성불, 성불'이라는 축원까지 잊지 않았습니다.

과연 불자인 우리는 이렇게 할 수 있을까? 물론 잘되지 않을 것입니다. 그러나 우리라고 하여 억울함에 빠졌다면, 분노하고 미워하고 원한을 새기며 살 필요는 없습니다. 이제 우리도 억울함을 기회로 삼아야 합니다.

억울함을 담담하고 편안하게 받아들여 자존심의 껍질을 벗는 기회, 나와 남의 대립 관계를 벗는 기회, 보이지 않는 빚을 갚는 기회, 좋은 것은 어서 오고 싫은 것은 접근하지 않기를 바라는 이기심을 벗는 기회, 묵은 업을 녹여 원만하고 진실한 행복을 이룩하는 기회로 삼아야 합니다.

이렇게 스스로 기회를 만들면, '나'에게 찾아든 억울함이 '나'를 향상시키고 '나'를 깨달음의 경지로 인도합니다. 그야말로 억울함이 깃들어 참된 수행의 문을 열어주는 것입니다.

**"그러므로 대성인이 '억울함을 수행의 문으로 삼으라' 하셨느니라."**

그렇습니다. 찾아든 억울함은 피할 것이 아닙니다. 억울함을 잘 극복하면 단시간에 도가 크게 무르익습니다.

정녕 억울함을 넘어서는 요긴한 방법은 그것을 받아들이면서 내가 흔들리지 않는 데 있습니다. 내가 흔들리지 않는 것! 이것이 억울함을 수행으로 바꾸는 비결이라는 것을 꼭 명심하셔서, 끝없는 향상의 길을 열어가시기를 깊이 축원드립니다.

나무마하반야바라밀.

## 結. 막힌 데서 통한다

이와 같이 막히는 데서 도리어 통하고
통함을 구하는 데서 도리어 막히게 되나니
이 장애 속에서
오묘한 경지를 다 이루게 되느니라.
여래께서는 이 장애 속에서
보리도를 얻었을 뿐 아니라
앙굴리마라와
제바달다의 무리가
반역의 짓을 하였는데도
그들에게 수기를 주고
교화하여 성불토록 하셨느니라.
어찌 저들의 거스름을
나의 순리로 삼지 않을 것이며
저들의 훼방을
나의 성취로 삼지 않을 것인가

여시즉거애반통
如是則居礙反通
구통반애
求通反礙
어차장애
於此障礙
개성묘경
皆成妙境
여래어장애중
如來於障礙中
득보리도
得菩提道
급앙굴마라지배
及鴦屈摩羅之輩
제바달다지도
提婆達多之徒
개래작역
皆來作逆
실여기기
悉與其記
화령성불
化令成佛
기불이피역
豈不以彼逆
이위오지순
而爲吾之順
이피훼
以彼毀
이위오지성야
而爲吾之成也

도를 배우는 사람이     <sub>어학도인</sub>於學道人
평소에 장애를 생각해 보지 않으면     <sub>어금약불선거어애</sub>於今若不先居於礙
장애가 다다랐을 때     <sub>즉장애지시</sub>則障礙至時
능히 이겨내지 못하여     <sub>막능배견</sub>莫能排遣
법왕의 큰 보배를     <sub>사법왕대보</sub>使法王大寶
이로 인해 잃게 되나니     <sub>인자이실</sub>因玆而失
어찌 애석하고 슬프지 않겠는가.     <sub>가불석</sub>可不惜

### 장애와 해탈은 함께한다

이제까지 우리는 걸림돌을 디딤돌로, 주춧돌로 바꾸는 원리를 설한 「보왕삼매론」, 곧 '바라지 말아야 할[<sub>불구</sub>不求] 십대애행十大礙行'에 대해 하나하나 살펴보았습니다.

1. 몸에 병 없기를 바라지 말라     <sub>염심불구무병</sub>念身不求無病
2. 세상살이에 고난 없기를 바라지 말라     <sub>처세불구무난</sub>處世不求無難
3. 마음공부에 장애 없기를 바라지 말라     <sub>구심불구무장</sub>究心不求無障
4. 수행하는 데 마魔 없기를 바라지 말라     <sub>입행불구무마</sub>立行不求無魔
5. 일을 꾀하되 쉽게 되기를 바라지 말라     <sub>모사불구이성</sub>謀事不求易成
6. 정을 나누되 이롭기를 바라지 말라     <sub>교정불구익성</sub>交情不求益成
7. 남이 내 뜻대로 순종하기를 바라지 말라     <sub>어인불구순적</sub>於人不求順適

8. 덕을 베풀되 보답을 바라지 말라 　施德不求望報
9. 이익을 분에 넘치게 바라지 말라 　見利不求霑分
10. 억울함을 자꾸 밝히려고 하지 말라 　被抑不求申明

「보왕삼매론」의 이 '십대애행'에는 인생살이에서의 순경順境과 역경逆境이 반반씩 안배되어 있습니다.

　　1. 몸의 병　　　2. 세상살이의 고난
　　3. 마음공부의 장애　4. 수행의 마魔
　10. 억울한 일을 당함은 역경이요,
　　5. 일의 쉬운 성취　6. 정을 나눔
　　7. 다른 이의 순종　8. 덕의 베풂
　　9. 이익 등은 순경에 대한 것입니다.

그런데 「보왕삼매론」은 이 역경과 순경 모두를 공부와 인생살이의 큰 장애(大礙)라고 하면서, 역경에 대해서는 '없기를 바라지 말고, 순경에 대해서는 있기를 바라지 말라'고 하였습니다. 이 중, 역경을 장애라 함은 쉽게 알 수 있습니다. 역경은 '나'를 거스르기 때문에 그 자체가 바로 장애입니다.

허나 왜 순경까지 장애라고 한 것인가? 순경은 '나'에게 맞기 때문에 마음이 흐르는 대로 방치를 하게 되는데, 이 방치가 지나쳐서 그릇된 길로 나아가게 되면 오히려 역경보다 더 큰 장애를 불러일으키게 됩니다. 그러므로 순경도 장애가 된다고 한 것입니다.

'제2 세상살이의 고난'에 대해 이야기할 때 잠깐 언급하였듯이, 우리가 살고 있는 이 세계는 사바娑婆입니다. 사바세계는 잡된 업業으로 얽혀 있다고 하여 회잡세계會雜世界라 번역하고, 참지 않고서는 살아갈 수가 없다고 하여 감인세계堪忍世界라고 번역합니다. 그러므로 이 세계에서 행복하게 살고자 하면 잘 참아야 하고, 스스로가 지은 얽히고설킨 업들을 잘 풀면서 살아야 합니다.

이 사바세계에는 순경과 역경이 공존하고 선과 악이 공존하기 때문에, 완벽하게 악한 사람이나 완벽하게 선한 사람은 이 세계에 태어나지 않습니다. 선업과 악업이 뒤섞인 이들이 태어나는 곳이 사바이기 때문에, 이 세계 속에는 완벽한 행복을 누리는 이도 없고 늘 불행하기만 한 이들도 없습니다.

그러므로 누구나가 다 행복과 불행의 바이오리듬을 타면서 살아갑니다. 지금 불행한 사람이라 하여 영원히 불행에 빠져서 살지도 않고, 지금 행복한 사람이라 하여 영원히 행복하게 산다는 보장도 없습니다. 스스로가 하기에 따라 행복과 불행이 얼마든지 바뀔 수 있는 곳이 사바세계입니다.

결국 선과 악이 뒤섞인 이 사바세계에 태어난 이들은, 순경과 역경을 어떻게 받아들이고 어떻게 노력하느냐에 따라 스스로의 운명을 새롭게 개척하면서 살게끔 되어 있습니다.

「보왕삼매론」에서 십대애행十大礙行을 설한 까닭도 여기에 있습니다. '역경이라 하여 결코 나쁜 것만이 아니요 순경이라 하여 결코 좋은 것만이 아님'을 잘 알아서, 순경과 역경을 넘어서는 도를 익히고 행복을 이루어내는 방법을 설하신 것입니다. 그래서 「보왕삼매론」은 십대애행의 끝맺음 법문까지 이렇게 시작하고 있습니다.

"이와 같이 막히는 데서 도리어 통하고, 통함을 구하는 데서 도리어 막히게 되나니, 이 장애 속에서 오묘한 경지를 다 이루게 되느니라."

막히는 데서 도리어 통하고 통함을 구하는 데서 도리어 막힌다는 사실! 실로 그러합니다. 이것을 우리는 잘 알아야 합니다.

흐르는 물도 멈출 때가 있습니다. 웅덩이나 둑을 만나면 멈추는 것입니다. 그리고 그 웅덩이나 둑이 가득 채워지면 다시 흐르기 시작합니다. 또 소용돌이를 만나면 그 자리를 맴돕니다. 그 자리를 맴돌다가 빠져나갈 때는 더 빠른 속도로 흘러갑니다.

막힌다는 것! 그것은 잠깐의 멈춤입니다. 더 크고 원활한 흐름을 위해 힘을 모으는 것입니다. 인생살이의 시련 또한 마찬가지입니다. 그 시련을 넘어서면 더 큰 행복이 있음을 뜻합니다.

겨울은 영원히 겨울로만 있지 않습니다. 겨울이 다하면 봄이 오기 마련입니다. 더 엄밀히 말하면, 이 겨울이 다 가기 전에 봄은 이미 여기에 와 있습니다.

봄이 이미 와 있음을 알면 겨울이 힘들지 않습니다. 고난 속에 행복의 길이, 막힘 속에 영광의 길이, 장애 속에 해탈의 길이 있음을 알면 고난과 막힘과 장애가 결코 힘들지만은 않습니다.

틀림없는 사실은, 막혔으면 뚫리게 되어 있고, 장애와 해탈은 함께하고 있으며, 고난 속에 행복의 싹이 돋아나고 있다는 것입니다.

그런데도 우리는 지금의 겨울에만 집착합니다. 그래서 막히고 괴롭고 춥고 힘든 이 겨울을 빨리 벗어났으면 합니다. 심지어는 때가 되어야만 갈 겨울을 빨리빨리 보내고자 합니다. 「보왕삼매론」의 구절처럼 통함(通)을 구하는 것입니다.

그렇다고 고난과 막힘과 장애의 겨울이 '나'를 떠나갑니까? 아닙니다. 절대로 아닙니다. 오히려 겨울은 '나'를 더욱 얼어붙게 만듭니다. 겨울 속에서 죽게 만듭니다.

왜입니까? 통함을 구하는 그 마음이 '나'의 욕심이요 어리석음이요 이기심이기 때문입니다. 그 욕심과 분노와 어리석음, 그 이기심 때문에 막혔는데, 또다시 이기심을 부리고 욕심과 분노와 어리석음을 불러일으키면 어떻게 되겠습니까? 도리어 더욱 막힐 뿐입니다.

그러므로 장애가 올 때나 막혔을 때는 나를 되돌아보면서, 나의 이기심이나 욕심과 분노와 어리석음을 비워야 합니다. 안 되는 일, 꼬인 인간관계를 억지로 성사시키려 할 것이 아니라, 나의 욕심과 분노와 어리석음, 나의 이기심을 먼저 비워야 합니다. 그렇게만 하면 겨울도 살기 좋은 겨울이 됩니다. 봄 같은 겨울이 됩니다.

흔히들 '비워라'고 하면 일을 비우고 남을 비우고 인연을 비우는 것으로 착각하는 불자들이 종종 있습니다. 하지만 '비워라'는 가르침은 바깥을 비우라는 것이 아닙니다. 애착·욕심·분노·어리석음·교만·의심·게으름 등으로 무장하는 나의 이기심을 비우라는 것이요, 동시에 주변에 대한 집착을 비우라는 것입니다.

나의 이기심을 비우고 배우자·자식 등 주변에 대한 집착을 비울 때 오묘한 경지는 저절로 나타납니다. 참된 '나'가 나타나며, 나의 행복과 자비·지혜·사랑·환희·영광 등이 나타납니다.

물론 이기심, 곧 나를 방해하는 '나'는 가만히 있지 않습니다. 애착·욕심·분노·어리석음·교만·의심 등의 감정을 비우지 못하게 만듭니다. 가만히 있으면 자기의 생존을 위해 필요한 양식이 사라지기 때문입니다.

이때 거짓 '나'인 이기심은 마지막 수단으로 두려움을 줍니다. 두려움을 주어 더욱 내 풍선의 껍질을 두텁게 만듭니다. 더욱 집착하게 만들고 고집을 부리게 만듭니다.

하지만 이때가 중요합니다. 이때 비우지 못하면 나는 두터운 껍질에 쌓여 더욱 고립되고 더 심한 괴로움 속에 빠져듭니다. 영원히 이기심의 꼭두각시가 되어 말초적인 감정과 거듭되는 장애 속에서 살아가게 되는 것입니다.

1959년 중국이 무력으로 티베트를 점령하였을 때, 중국군은 강간·살인 등 끔찍한 짓들을 많이 저질렀습니다. 달라이라마를 비롯한 티베트 스님들은 그 처참한 모습을 보았고, 비통함과 애절함을 품은 채 히말라야를 넘어 인도 달람살라로 망명을 했습니다.

그런데 달라이라마는 티베트 승려들에게 중국인을 원망하지 말라고 하셨습니다. 그래서 사람들은 달라이라마에게 다음의 질문을 자주 했습니다.

"티베트 스님들은 정말 중국인을 미워하지 않습니까?"

그때마다 달라이라마께서는 이렇게 말씀하셨습니다.

"인간이 타락의 길을 선택하면, 한없이 굴러떨어져서 축생이나 다름없는 길로 들어갑니다. 그래서 결국에는 살인·강도·강간·어린아이의 납치까지 아무렇지도 않게 행하게 됩니다.

반대로 이 육체를 가지고 향상의 길로 나아가면 부처까지 될 수 있습니다. 이 몸은 아주 소중한 그릇이 됩니다. 이렇게 부처를 담을 수 있는 그릇에 남을 미워하고 증오하는 생각을 담고 다닌다면 소중한 인생을 망치는 것이 됩니다.

내 몸뚱이에 중국인들을 증오하고 미워하는 생각을 품고 다닌다면, 결국에는 중국인들보다 나 자신이 먼저 망가져 버릴 것입니다. 증오로만 살다가 인생을 마칠 것이기 때문입니다. 그렇게 되면 금생에서는 연꽃을 피우지 못하고, 마음농사 역시 짓지 못하게 됩니다.

나는 스스로가 이렇게 사는 것을 허락하지 못합니다. 부처의 길을 가야 할 소중한 육신에 남을 미워하는 더러운 생각을 담아 두어서야 되겠습니까?

내가 증오를 이겨내며 평생 동안 수행을 한 까닭은 중국인을 위해서가 아니라 나 자신을 위해서였습니다. 지금 내 마음에는 그들을 미워하는 마음이 전혀 없습니다."

8

'부처를 이루어야 할 내 몸 안에 증오심과 같은 나쁜 것을 넣어둘 수 없다'고 하면서, 증오심을 깡그리 비우고, 티베트인들 모두에게 중국인을 증오하지 말라고 하신 달라이라마. 이 얼마나 대단한 분입니까?

우리도 나의 그릇 속에 담긴 이기심을 비우고 그 그릇 속에 자비심을 채우게 되면 모든 장애를 넘어서서 해탈하는 정말 대단한 사람이 될 수 있습니다.

그러므로 장애가 왔을 때는 모름지기 비우십시오. 막혔을 때는 나의 욕심·분노·어리석음을, 나의 이기심을 비우십시오. 더 이상 이기심의 공포에 사로잡혀 살지 말고 이기심을 비우십시오. 이기심을 자비심으로 바꾸는 거기에 해탈이 있습니다. 욕심·분노·어리석음 등의 이기심을 비울 때 평화와 행복과 영광과 환희가 충만된 삶의 모습을 드러내게 된다는 것을 꼭 기억하시기 바랍니다.

## 살인마 앙굴리마라와 부처님의 자비

이기심에 빠진 채 통함을 구하면 오히려 막히게 되고, 이기심을 비우면 이기심 때문에 생겨났던 장애가 모두 오묘한 경지로 바뀌게 된다는 것을 불교는 일관되게 가르치고 있습니다. 그리고 인생살이의 고난을 향상과 해탈의 발판으로 삼을 것을 일깨우고 있습니다.

석가모니 부처님께서는 그 어느 누구보다 먼저 그렇게 사셨습니다. 도를 닦을 때나 부처가 되신 다음에도 그렇게 사셨습니다. 그래서 「보왕삼매론」은 부처님과 관련된 몇 가지 일을 특별히 강조하고 있습니다.

> "여래께서는 이 장애 속에서 보리도를 얻었을 뿐 아니라, 앙굴리마라와 제바달다 등이 반역의 짓을 하였는데도 그들에게 수기를 주고 교화하여 성불토록 하셨느니라."

부처님께서 장애 가운데에서 보리도를 얻은 전생의 예는 우리가 익히 알고 있는 보시태자布施太子 이야기, 설산에서 반 구절의 게송을 듣기 위해 나무 위로 올라가 나찰을 향해 몸을 던졌던 설산동자雪山童子 이야기, 가리왕에게 팔다리와 코가 잘리면서도 화를 내거나 조금도 동요하지 않았던 인욕선인忍辱仙人 이야기 등 무수히 많습니다.

그와 같은 시련이 있을 때마다 부처님께서는 더 높고 깊은 도의 경지로 향상되었습니다. 그리고 결과는 생명을 잃는 것이 아니라 원래의 모습대로, 나아가 천인들의 공양과 귀의를 받는 몸이 되었습니다. 이러한 수행 끝에 마침내 '석가모니'라는 이름으로 부처가 되신 것입니다.

그리고 부처가 된 다음에도 시련이 없었던 것은 아닙니다. 고향인 카필라국의 멸망, 3개월 안거 기간 동안 말먹이용 보리를 공양하며 지낸 일, 외도들의 비방과 모함 등 여러 가지 시련이 있었습니다. 이를 『대지도론』에서는 '구뇌九惱'라고 하여, 아홉 가지의 장애를 열거하고 있습니다.(p.43에서 이미 언급)

이 구뇌 중 가장 대표적인 것은 제바달다의 반역이요, 부처님의 대자대비를 가장 잘 나타내는 것은 살인마 앙굴리마라의 교화를 꼽을 수 있습니다. 이제「보왕삼매론」의 결론 부분에 등장하는 앙굴리마라와 제바달다의 이야기를 함께 살펴보면서, 끝맺음의 글을 엮어 가고자 합니다.

살인마 앙굴리마라의 원래 이름은 '아힘사〔不害〕'입니다. 사위성에 있는 한 바라문의 제자였던 그는 스승을 지극히 존경하여 스승의 말이면 거역할 줄 몰랐고, 스승 또한 아힘사를 각별히 아끼고 사랑하였습니다. 그런데 아힘사의 사나이다운 모습에 마음을 빼앗긴 스승의 아내가 스승이 집을 비운 어느 날 아힘사를 유혹했습니다.

"스승의 아내는 어머니와 같습니다. 그런 일은 생각할 수조차 없습니다."

우직한 아힘사가 유혹을 뿌리치자, 그녀의 사랑은 증오로 바뀌었습니다. 입고 있던 옷을 스스로 찢고 머리를 산발한 그녀는 아힘사에게 능욕을 당했다고 모함하였고, 노한 스승은 배신한 제자를 파멸시킬 방법을 찾은 다음 아힘사를 불렀습니다.

"너의 학문은 이제 거의 완성 단계에 이르렀다. 남은 것은 비밀의 술법뿐이다. 그 술법을 이루기 위해서는 한 가지 일을 더 해야 한다. 아침 일찍 일어나 네거리로 나가서 백 사람을 죽이되, 한 사람에게서 손가락 하나씩을 잘라 내어 그것으로 목걸이를 만드는 일이다. 하루 만에 백 개의 손가락을 모으면 그것으로 수행이 완성된다."

말을 마친 스승은 칼을 건네주었습니다. 아힘사는 칼을 받아들고 몹시 고뇌하다가, 스승에 대한 존경과 믿음으로 마음을 단단히 다지고 거리로 나갔습니다. 그리고 상대를 가리지 않고 닥치는 대로 죽여 손가락을 모았습니다.

앙굴리마라! '앙굴리'는 손가락, '마라'는 목걸이라는 뜻입니다. 사람들은 그 살인귀를 '손가락을 잘라 목걸이를 만든다'는 뜻에서 앙굴리마라라고 불렀습니다.

거리로 탁발을 나갔던 비구들이 기원정사로 돌아와 부처님께 그 일을 알리자 부처님께서는 그를 제도하기 위해 거리로 나섰고, 앙굴리마라의 어머니도 자식이 미쳐 사람을 죽인다는 말을 듣고 허둥지둥 달려갔습니다.

앙굴리마라의 전신은 검붉은 피로 물들어 있었고, 피비린내가 코를 찔렀습니다. 어머니는 주저 없이 아들의 곁으로 다가갔습니다.

'이제 손가락이 하나만 더 있으면 된다.'

이미 이성을 상실한 앙굴리마라에게는 어머니가 어머니로 보이지 않았습니다. 오직 도를 이룰 수 있게 해줄 희생물로만 보였습니다. 그가 어머니를 죽이려고 칼을 번쩍 들었을 때, 부처님께서 앞으로 불쑥 나섰습니다.

순간 앙굴리마라는 어머니를 제쳐두고 부처님을 죽이려 하였지만, 몸이 오그라붙어 꼼짝할 수가 없었습니다. 앙굴리마라는 소리쳤습니다.

"거기 서라."

"나는 여기에 가만히 서 있다. 움직이는 것은 네가 아니냐?"

이 말을 듣는 순간 앙굴리마라는 악몽에서 깨어나 제정신으로 돌아왔습니다. 그는 칼을 버리고 부처님 앞에 꿇어 엎드렸습니다.

"부처님, 저의 어리석음을 용서하시고 제자로 받아주옵소서."

그는 부처님을 따라 기원정사로 가서 설법을 듣고 곧 아라한의 경지에 이르렀습니다.

이튿날 앙굴리마라는 바리때를 들고 거리로 밥을 빌러 나갔습니다. 그가 나타났다는 소문을 듣고 거리의 사람들은 두려움에 떨었고, 그가 밥을 빌고자 찾아간 집의 부인은 아기를 낳기 위해 해산실에 들어갔다가, 그가 왔다는 말을 듣고 너무 놀란 나머지 해산을 못 하고 말았습니다.

사람들의 엄청난 분노와 저주를 받으며 기원정사로 돌아온 앙굴리마라는 눈물을 흘리며 부처님께 도와줄 것을 호소했습니다.

"앙굴리마라야, 너는 곧 그 집으로 가서 여인에게 '나는 이 세상에 난 뒤로 아직 산목숨을 죽인 일이 없습니다. 이 말이 사실이라면 당신은 편안하게 해산할 것입니다.'라고 말하여라."

"부처님, 저는 아흔아홉 사람의 목숨을 앗았습니다."

"앙굴리마라야, 도道에 들어오기 전은 전생이다. '세상에 난 뒤'라는 말은 도를 깨친 뒤를 말한다."

그가 여인의 집으로 가서 부처님께서 시킨 대로 하자, 부인은 편안히 해산을 하였습니다. 그러나 원한에 가득 차 있었던 사람들이 돌과 몽둥이로 그를 치고 때렸습니다. 온몸이 피투성이가 되어 겨우 기원정사로 돌아온 앙굴리마라는 부처님께 말했습니다.

"부처님, 저는 어리석은 망상에 사로잡혀 많은 사람을 죽였습니다. 그러나 세존께서는 저를 가엾게 여기시어 칼도 몽둥이도 사용하지 않고 저의 마음을 고쳐주셨습니다. 이제 저는 어떠한 일을 당하여도 괴롭다거나 아프다는 생각을 하지 않게 되었습니다. 어제까지 구름에 가려졌던 해가 구름이 없어지자 밝게 빛나듯, 이 모든 것을 분명히 알게 되었습니다. 저는 살기를 원치도 않고 죽기를 바라지도 않습니다. 그냥 조용히 열반에 들고자 하옵니다."

이 말을 끝으로 앙굴리마라는 열반에 들었고, 부처님은 말씀하셨습니다.

"나의 제자들 가운데 앙굴리마라와 같이 빨리 깨달은 자는 없느니라."

❧

앙굴리마라. 99명의 목숨을 하루 만에 앗아간 살인마 앙굴리마라! 이와 같은 극악極惡의 존재는 누구나 손가락질을 하고 외면하기 마련입니다. 하지만 부처님께서는 살인마 곁으로 다가섰습니다. 고요한 마음으로 다가섰습니다. 그리고 심하게 움직이고 있는 앙굴리마라의 마음을 다스렸습니다.

뿐만이 아닙니다. 그를 제자로 삼아 깨달음의 세계로 이끌어들였습니다. 사회의 공적公敵인 살인마를 입문시키고 보호함으로써 불교 교단은 지탄의 대상이 되었지만, 부처님께서는 '마땅히 제도해야 할 중생을 제도한 것일 뿐'이라며 어떠한 비난도 문제 삼지 않았습니다.

실로 사건 발생 후에 파사익왕이 직접 출두하여 앙굴리마라를 잡아가려 하였으나, 부처님께서는 '출가법에 따라 출가한 사문을 세속법에 의해 심판 받게 할 수 없다'며 그를 내어주지 않았습니다. 그야말로 국법을 넘어서는 대자비의 법으로 앙굴리마라를 제도한 것입니다.

살인마 앞에 섰던 부처님과 부처님께 귀의한 다음의 앙굴리마라! 이 두 분은 모두 흔들리지 않았습니다. 고요한 마음으로 임했습니다.

"나는 여기에 가만히 서 있다. 움직이는 것은 네가 아니냐?"

바로 이것입니다. 우리는 장애 속에서 흔들리지 않아야 합니다. 고요한 평화로움을 잃지 않도록 해야 합니다. 내가 흔들리면 모든 것이 흔들리고, 내가 안정되면 모든 것이 제자리에 편안히 있게 됩니다.

물론, '나는 부처님이나 성인이 아니다. 감정이 많은 인간이라 그렇게 할 수가 없다.'고 하는 이도 있을 것입니다.

하지만 누구를 위한 평화로움입니까? 누구를 위해 흔들리지 말라는 것입니까? 바로 '나'와 내 가족 등을 위해 흔들리지 말라는 것입니다. 내가 흔들리지 않는 것. 이것이 장애와 시련을 극복하는 최상의 비결이라는 것을 꼭 명심하시기 바랍니다.

또 한 가지, 앙굴리마라의 이야기를 통하여 마음에 담아야 할 교훈이 있습니다. 그것은 '도를 이루겠다'고 하는 고상한 생각도 잘못 나아가면 그릇된 욕심이 될 수 있다는 것입니다. 어리석으면, 지혜롭지 못하면 '신앙'도 모두를 망치는 길이 될 수 있다는 것입니다.

앙굴리마라는 '도를 이루겠다'는 강한 집착 때문에 스승의 턱없는 요구에 순응했습니다. 삼척동자라 할지라도 그릇되다는 것을 능히 알 수 있는 가장 못된 짓, 곧 연쇄살인을 저지르고 말았습니다. 어리석고 그릇된 한 생각 때문에 살인마의 길 속으로 빠져들고 만 것입니다. 어리석은 한 생각….

우리의 지금 한 생각! 그 한 생각이 현재를 낳고 미래를 창조합니다. 지금의 한 생각이 지옥의 문을 열고 극락의 문을 열어 줍니다.

부디 올바로 보고〔正見〕, 올바로 생각하여〔正思〕 헛된 욕망을 제거해 버립시다. 도는 결코 욕심으로 구할 수 있는 것이 아닙니다. 인생살이 또한 마찬가지입니다.

진정으로 도를 구하고 값진 인생살이를 원한다면 부질없는 욕망들을 뚝 잘라버리고, 진리, 곧 부처님의 가르침에 따라 평화로운 마음으로 중생을 살리고 이롭게 하는 일에 몰두해야 합니다. 또한 그렇게 살 때 모든 허물이 스스로 녹아나고 장애는 저절로 사라지며 매듭이 풀리는 것입니다.

　이제 제바달다의 이야기로 넘어갑시다.


### 제바달다의 반역

✿

　야심의 노예 제바달다는 부처님의 사촌이요 아난존자의 형입니다. 그는 우바리·아난 등 석가족의 여러 형제들과 함께 출가하여 부처님의 제자가 되었습니다.

　그러나 제바달다는 올바른 수행은커녕, 날이 갈수록 나태함에 빠져들었습니다. 그러면서도 모든 사람들로부터 부처님과 같은 존경을 받고 싶어 했습니다.

　그 당시 마가다국의 왕은 독실한 불교신자인 빈바사라였으며, 태자는 아자타삿투였습니다. 아자타삿투는 제바달다의 꾐에 빠져 부왕 빈바사라를 옥에 가두고 스스로 왕의 자리에 올랐으며, 제바달다는 아자타삿투왕의 두터운 신임과 후원을 업고 부처님의 교단을 빼앗을 궁리를 하다가, 그를 따르는 무리들과 함께 영축산으로 부처님을 찾아가서 무례한 제의를 했습니다.

　"부처님께서는 너무 연로하셨고 건강도 좋지 않으십니다. 그러니 교단을 저에게 맡기고 편히 쉬시는 것이 좋을 듯합니다."

제바달다의 사람됨을 잘 아는 부처님께서는 이렇게 말씀하셨습니다.

"제바달다야, 나는 아직까지 누구에게도 교단을 맡길 생각이 없다. 설령 다른 이에게 맡긴다고 할지라도, 사리불이나 목건련처럼 총명하고 뛰어난 제자가 있지 않느냐? 어찌하여 네가 감히 교단을 맡겠다는 것이냐?"

여러 사람들 앞에서 망신을 당한 분을 참을 수 없었던 제바달다는 아자타삿투왕을 충동질하여 부처님을 죽이려는 무서운 음모를 꾸몄습니다. 그리고는 칼을 잘 쓰는 자객을 부처님께 보냈습니다.

그러나 부처님을 살해할 목적으로 그 옆에까지 간 자객은 몸이 떨리기만 할 뿐 꼼짝할 수조차 없었습니다.

"어찌하여 그렇게 떨고만 있느냐?"

부처님의 물음에 자객은 모든 사실을 털어놓고 용서를 빌었으며, 용서를 받은 그는 출가하여 부처님의 충실한 제자가 되었습니다.

얼마 뒤 부처님께서 영축산에서 내려오시는 날, 부처님을 해치기 위해 벼랑 위에 숨어 있던 제바달다는 부처님께서 그 아래를 지나가시는 순간 커다란 바위들을 굴려 떨어뜨렸습니다. 하지만 정확하게 겨냥하였음에도, 바위들은 몇

번 구르다가 좁은 골짜기에서 멈추고 말았습니다. 제자들이 부처님 주위를 둘러싸서 보호하자, 부처님께서는 말씀하였습니다.

"여래는 폭력에 의해 목숨을 잃는 법이 없다."

그리고는 다시 태연히 길을 가셨습니다. 두 차례의 살해 음모가 모두 실패하자 제바달다는 부처님께서 지나시는 길에 성질이 몹시 사나운 코끼리를 풀어놓았습니다. 그러나 미친 듯이 날뛰던 코끼리까지도 부처님 앞에 이르자, 코를 아래로 늘어뜨리고 꿇어앉는 것이었습니다.

멀리서 제바달다와 함께 이 광경을 지켜보던 아자타삿투왕의 마음에는 큰 변화가 일었습니다. 부처님을 해치려는 제바달다의 꾐에 빠져 부왕을 옥에 가둔 것이 큰 잘못이었음을 깨달은 아자타삿투왕은 제바달다의 왕궁 출입을 금하였고, 스스로 부처님을 찾아가 설법을 듣기 시작했습니다.

이에 치미는 분노와 시기심을 이기지 못한 제바달다는 열 손가락에다 독을 바르고 부처님이 계신 곳으로 가서, 손가락으로 부처님의 얼굴을 할퀴려 했습니다. 그 순간, 밟고 있던 땅이 갑자기 갈라지면서 제바달다는 끝없는 어둠 속으로 빠져들었습니다.

이렇듯 극악한 제바달다였지만 부처님께서는 그가 죽은 다음 『법화경』을 설하실 때 전생의 인연담과 함께, "제바달다가 미래세에 성불하여 천왕여래天王如來가 되어 천도天道라는 불국토에서 중생을 교화한다"는 성불수기를 주셨습니다.

§

완벽한 복덕과 인격을 갖추고 계셨던 부처님에 대한 제바달다의 시기 질투와 불교 교단의 제일인자가 되겠다는 야망은 꺼질 줄을 몰랐습니다. 결국 제바달다는 여러 차례 부처님을 죽이려 하였고 마침내 스스로의 악행이 만든 지옥의 불길 속으로 빨려 들어갔습니다.

역경 속의 부처님! 역경 속의 우리 부처님은 참으로 위대했습니다. 부처님을 따르는 국왕들을 시켜 제바달다를 응징할 수도 있었고, 신통력을 일으켜 제바달다를 제어할 수도 있었습니다. 하지만 부처님은 그렇게 하지 않았습니다.

그렇다면 시기하고 질투하고 발악하고 있는 제바달다에 대한 부처님의 자비는 어떠한 것이었을까요?

그냥 놓아두는 것이었습니다. 구제할 수 없는 자, 깨어나고자 하는 의지가 조금도 없는, 어찌할 수 없는 자에게 무심無心을 쓰신 것입니다.

§

부처님께서는 말을 길들이는 조마사調馬師의 우두머리가 찾아오자 질문했습니다.

"말을 길들이는 데는 몇 가지 방법이 있습니까?"

"세 가지 방법이 있습니다. 유연柔軟·강경强硬, 그리고 유연함과 강경함을 함께 쓰는 유연강경책柔軟强硬策입니다."

"만일 세 가지 방법으로 길들일 수 없을 때는 어떻게 합니까?"

"쓸모없는 말이 되므로, 죽입니다."

명료하게 대답한 조마사는 부처님께 여쭈었습니다.

"부처님께서는 중생들을 교화할 때 어떤 방법을 취하십니까?"

"유연·강경·유연강경으로 교화합니다."

"그 방법으로 교화를 하지 못하면 어떻게 하십니까?"

"죽입니다."

"부처님께서는 살생을 금하지 않으십니까?"

"물론 그렇습니다. 내가 죽인다고 한 것은 살생을 한다는 것이 아닙니다. 여래는 '유연·강경·유연강경'으로 교화할 수 없는 사람과는 함께 이야기하지도 않고 가르치지도 않고 징계하지도 않습니다. 이렇게 이야기하지도 않고 가르치지도 않고 징계하지도 않는 것을 나는 '죽인다'고 합니다."

8

이 대화 그대로, 부처님께서는 끝까지 마음을 바꿀 줄 모르는 제바달다의 죽음을 그냥 바라보셨습니다. 목숨을 빼앗는 죽음이 아니라 무심無心을 쓴 것입니다.

### 무심이야말로 큰 지혜요 큰 자비

무심! 무심은 마음을 비우는 것입니다.

장애가 찾아들어 나의 노력으로 어떻게 할 수 없게 되었을 때 어떻게 해야 할까요? 먼저 '나'의 부질없는 근심걱정·욕심·분노·어리석음·교만·의심 등을 버릴 줄 알아야 합니다.

근심걱정은 1등 방해꾼입니다. 근심걱정이 들어가면 장애의 상태가 더욱 꼬이고 더욱 힘들어집니다. 또한 일방적으로 밀어붙여서도 안 되고, 무조건 분노의 절교 속으로 빠져들어서도 안 됩니다. 일방적인 밀어붙임과 분노는 지옥같은 삶을 만들어 냅니다.

그럼 어떻게 해야 하는가? 장애가 찾아왔을 때 근심걱정이나 헛된 번뇌 속으로 빠져들지 말고, 무심할 수 있어야 합니다. 무심으로써 스스로를 살아나게 해야 합니다.

나의 장애만이 아닙니다. 주변 사람과의 사이에서 장애가 일어날 때도 마찬가지입니다. 유연으로도, 강경으로도, 유연강경으로도 다스릴 수 없을 때는 마음을 비우는 무심을 써야 합니다.

가령 아들딸 배우자 등 결코 버릴 수 없는 상대에게 내가 행하는 '유연·강경·유연강경'이 통하지 않는다면, 속으로 '믿으리라·이해하리라·인정하리라·수희찬탄하리라'는 결심을 거듭거듭 새기면서, 겉으로는 무심을 써 보십시오.

이것이 겉으로 잔소리하고 위해주는 것보다 백배 천배 큰 효과를 발휘할 수 있으며, 이것이 인연을 잘 가꾸어 가는 자비롭고 지혜로운 방법입니다.

부디 이기심이 아니라, 무심한 빈 마음에다 믿음과 이해와 인정과 칭찬이라는 행복의 씨를 심어 보십시오. 모든 괴로움과 장애가 저절로 극복되면서 모두가 제자리로 돌아오게 되고, 우리를 따뜻하게 비추어주는 자비와 지혜의 광명이 행복과 성취의 씨를 싹 틔우고, 마침내는 훌륭한 결실을 맺게 하는 것입니다.

마지막으로 「보왕삼매론」은 다가올 장애를 미리 생각해 볼 것을 당부하고 있습니다.

"도를 배우는 사람이 평소에 장애를 생각해 보지 않으면, 장애가 다다랐을 때 능히 이겨내지 못하여 법왕의 큰 보배를 이로 인해 잃게 되나니, 어찌 애석하고 슬프지 않겠는가."

실로 우리 불자들은 장애에 대해, 막힘에 대해, 고난에 대해, 맺힌 것에 대해 미리미리 생각해 보고 대처할 줄 알아야 합니다. 그 대처법은 거듭거듭 이야기하였듯이 나의 이기심을 비우는 것입니다.

끊는 것이 아닙니다. 버리는 것이 아닙니다. 비워야 합니다. 풀어야 합니다.

※

현대의 고승이셨던 금오金烏(1896~1968)스님은 손수 정진에 모범을 보이며 무서울 정도로 대중을 경책하셨을 뿐 아니라, 대중에 대해 마음을 쓰는 것이 늘 세밀하셨습니다. 어느 날 우체부가 배달한 소포를 받고, 누군가가 소포를 싼 끈을 가위로 끊으려고 하자 금오스님은 말씀하셨습니다.
"끊지 말고 풀어라. 그렇게 툭 끊는 것이 버릇되면 마음도 그렇게 바뀐다. 맺힌 매듭은 풀어야 하느니라."

※

그렇습니다. 우리는 끊지 않고 풀어야 합니다. '나'를 비우고 풀어야 합니다. 욕심이 치솟고 고난과 장애와 시련이 다가오면 모름지기 먼저 풀고자 해야 합니다. 도망치지도 숨지도 말고, 이 자리에서 풀어야 합니다. 풀고자 노력하는데도 풀리지 않는 장애요 고난이요 악연이라면, 그때는 불보살님께 의지하십시오.

참회하고 기도하면서 불보살님의 가피를 구하십시오. 매일매일, 특히 이기심과 자존심이 치솟아 오를 때마다 기도를 하십시오. 기도를 통하여 '나'를 비워야 합니다. 이기심과 자존심, 그리고 번뇌망상들을 비워야 합니다.

참회의 눈물 속에, 감사의 기도 속에, 이기심·욕심·자존심·미움 등의 번뇌를 비우면 '나'는 저절로 바르게 됩니다. 지금 이 자리에 '바를 정正'으로 서 있게 됩니다.

내가 나의 있을 자리에 '바를 정正'으로 있게 되면, 모든 매듭은 저절로 풀리고 모든 문제는 스스로 사라지며, 모든 것을 있는 그대로 볼 수 있는 반야般若의 지혜가 발현됩니다. 그리고 '나'의 실천이 그대로 자비가 되어, 행복과 영광이 언제나 나와 함께 하게 된다는 것이 부처님 가르침의 골격이요 「보왕삼매론」의 요점입니다.

청하옵건대, 맺힌 것을 풀고 푼 것을 더욱 원만히 만들어 가십시오. 서로가 믿고 이해하고 인정하고 수희찬탄하며 살아가십시오. 이것이 보왕의 삼매를 이루는 값진 인생살이입니다.

부디 이 「보왕삼매론」의 가르침을 읽고 쓰고 생활화하시어 걸림돌을 디딤돌로 바꾸고, 역경에서도 순경에서도 한결같이 깨달음의 길을 열어 참으로 평화롭고 행복한 삶을 영위하옵기를 두 손 모아 축원 드리옵니다.

나무마하반야바라밀.

부 록

독송용
보왕삼매론

## 1.
몸에 병 없기를 바라지 말라.
몸에 병이 없으면
탐욕이 생겨나기 쉽고
탐욕이 생겨나면 마침내
파계하여 도에서 물러나게 되느니라.
병의 인연을 살펴
병의 성품이 공空한 것을 알면
병이 '나'를 어지럽히지 못하나니
그러므로 대성인이
'병고로써 양약을 삼으라' 하셨느니라.

념심불구무병
念身不求無病
신무병즉
身無病則
탐욕내생
貪欲乃生
탐욕생필
貪欲生必
파계퇴도
破戒退道
식병인연
識病因緣
지병성공
知病性空
병불능뇌
病不能惱
시고대성화인
是故大聖化人
이병고위양약
以病苦爲良藥

## 2.
세상살이에 고난 없기를 바라지 말라.
세상살이에 고난이 없으면
반드시 교만과 뽐내는 마음이 생겨나고
교만과 뽐내는 마음이 일어나면 반드시
일체를 속이고 억압하려 하느니라.
고난의 경계를 잘 살펴
고난이 본래 헛된 것임을 체득하면
고난이 어찌 나를 상하게 하랴.
그러므로 대성인이
'환란으로써 해탈을 삼으라' 하셨느니라.

처세불구무난
處世不求無難
세무난즉
世無難則
교사필기
驕奢必起
교사기필
驕奢起必
기압일체
欺壓一切
요난경계
了難境界
체난본망
體難本妄
난역해상
難亦奚傷
시고대성화인
是故大聖化人
이환란위해탈
以患難爲解脫

3.
마음공부에 장애 없기를 바라지 말라.  　　究心不求無障
마음공부에 장애가 없으면  　　　　　　　心無障則
배움이 등급을 뛰어넘게 되고  　　　　　所學躐等
배움이 등급을 뛰어넘으면 반드시  　　　學躐等必
얻지 못하고서도 '얻었다'고 하느니라.  　未得謂得
이 장애에 뿌리가 없다는 것을 이해하면  解障無根
장애가 스스로 고요하여져서  　　　　　 卽障自寂
장애에 걸릴 것이 없어지나니  　　　　　障不爲礙
그러므로 대성인이  　　　　　　　　　　是故大聖化人
'장애 속을 자유로이 거닐어라' 하셨느니라.  以障礙爲逍遙

4.
수행하는 데 마魔 없기를 바라지 말라.  　立行不求無魔
수행하는 데 마가 없으면  　　　　　　　行無魔卽
서원이 견고해지지 못하고  　　　　　　 誓願不堅
서원이 견고하지 못하면 반드시  　　　　願不堅必
증득하지 못하고도 증득했다 하느니라.  　未證謂證
마가 허망한 것임을 꿰뚫어 보고  　　　 達魔妄有
마 자체에 뿌리가 없다는 것을 사무쳐 알면  究魔無根
마가 어찌 나를 괴롭힐 수 있으리.  　　　魔何能嬈
그러므로 대성인이  　　　　　　　　　　是故大聖化人
'마로써 수행을 돕는 벗을 삼으라' 하셨느니라.
　　　　　　　　　　　　　　　　　以群魔障爲法逍侶

**5.**
일을 꾀하되 쉽게 되기를 바라지 말라. 　모사불구이성
　　　　　　　　　　　　　　　　　謀事不求易成
일이 쉽게 이루어지면 　　　　　　사이성즉
　　　　　　　　　　　　　　　　　事易成則
뜻이 가볍고 교만해지며 　　　　　지성경만
　　　　　　　　　　　　　　　　　志成輕慢
뜻이 가볍고 교만하면 반드시 　　지경만필
　　　　　　　　　　　　　　　　　志輕慢必
'나는 유능하다'고 칭찬하게 되느니라. 　칭아유능
　　　　　　　　　　　　　　　　　稱我有能
내 생각으로 일을 가늠할 수는 있지만 　양사종심
　　　　　　　　　　　　　　　　　量事從心
일은 업을 따라 이루어지는 것! 　성사수업
　　　　　　　　　　　　　　　　　成事隨業
지금의 내 능력만으로 되는 것이 아니다. 　사불유능
　　　　　　　　　　　　　　　　　事不由能
그러므로 대성인이 　　　　　　시고대성화인
　　　　　　　　　　　　　　　　　是故大聖化人
'일의 어려움을 안락으로 삼으라' 하셨느니라. 　이사난위안락
　　　　　　　　　　　　　　　　　以事難爲安樂

**6.**
정을 나누되 나에게 이롭기를 바라지 말라. 　교정불구익성
　　　　　　　　　　　　　　　　　交情不求益成
나의 이익을 바라며 정을 나누면 　정익아즉
　　　　　　　　　　　　　　　　　情益我則
도의를 잃게 되고 　　　　　　　휴실도의
　　　　　　　　　　　　　　　　　虧失道義
도의를 잃게 되면 반드시 　　　　휴도의필
　　　　　　　　　　　　　　　　　虧道義必
그릇됨을 드러내게 되느니라. 　　견인지비
　　　　　　　　　　　　　　　　　見人之非
정의 근본을 잘 살펴볼지니 　　　찰정유인
　　　　　　　　　　　　　　　　　察情有因
정은 억지로 되는 것이 아니다. 　어정난강
　　　　　　　　　　　　　　　　　於情難强
정은 인연을 의지할 뿐이니 　　　정내의연
　　　　　　　　　　　　　　　　　情乃依緣
그러므로 대성인이 　　　　　　시고대성화인
　　　　　　　　　　　　　　　　　是故大聖化人
'순결로써 밑거름을 삼으라' 하셨느니라. 　이폐교위자량
　　　　　　　　　　　　　　　　　以弊交爲資糧

## 7.
남이 내 뜻대로 순종해주기를 바라지 말라. 어인불구순적 於人不求順適
남이 내 뜻대로 순종하면 인순적즉 人順適則
안으로 자긍심에 빠져들게 되고 내심자긍 內心自矜
안으로 자긍심에 빠져들면 반드시 내자긍필 內自矜必
내가 옳다고 고집하게 되느니라. 집아지시 執我之是
깨달은 이의 처세는 오인처세 悟人處世
사람들의 허망한 행위를 관觀하면서 관인망위 觀人妄爲
그냥 무심하게 주고받을 뿐이다. 인단수보 人但酬報
그러므로 대성인이 시고대성화인 是故大聖化人
'거역하는 이를 원림으로 삼으라' 하셨느니라. 이역인위원림 以逆人爲園林

## 8.
덕을 베풀되 보답을 바라지 말라. 시덕불구망보 施德不求望報
베푼 덕에 대해 보답을 바라게 되면 덕망보즉 德望報則
도모하는 생각을 가지게 되고 의유소동 意有所圖
도모하는 생각을 가지게 되면 반드시 의유동필 意有圖必
이름을 화려하게 드러내고자 하느니라. 화명욕양 華名欲揚
덕에 고유한 본성이 없음을 알고 명덕무성 明德無性
덕이 영원하지 않음을 관조해 보라. 조덕비상 照德非常
베푼 덕 또한 실재하지 않느니라. 덕역비실 德亦非實
그러므로 대성인이 시고대성화인 是故大聖化人
'베푼 덕을 헌신짝처럼 버려라' 하셨느니라. 이시덕위기항 以施德爲棄肛

독송용 보왕삼매론 231

## 9.
이익을 분에 넘치게 바라지 말라.
이익을 바람이 분을 넘게 되면
반드시 어리석은 마음이 요동을 치고
어리석은 마음이 요동을 치면 반드시
추한 이익이 나를 훼손시키느니라.
세상의 이익이란 본래 공空한 것
분에 넘치는 이익은 번뇌만 커지나니
이익을 허망되이 구하지 말지어다.
그러므로 대성인이
'이익 멀리함을 부귀로 삼아라' 하셨느니라.

견리불구점분
見利不求霑分
이점분즉
利霑分則
치심필동
癡心必動
치심동필
癡心動必
악리훼기
惡利毀己
세리본공
世利本空
욕리생뇌
欲利生惱
이막망구
利莫妄求
시고대성화인
是故大聖化人
이소리위부귀
以疎利爲富貴

## 10.
억울함을 당하여 자꾸 밝히려고 하지 말라.
억울함을 자꾸만 밝히고자 하면
상대와 나를 잊지 못하고
상대와 나를 두게 되면 반드시
원망과 한이 무성하게 자라느니라.
억울함을 받아들여 능히 참고 용서하라.
참고 용서하면 겸허하게 바뀌나니
억울한 일이 어찌 나를 상하게 하리.
그러므로 대성인이
'억울함을 수행의 문으로 삼으라' 하셨느니라.

피억불구신명
被抑不求申明
억신명즉
抑申明則
인아미망
人我未忘
존인아필
存人我必
원한자생
怨恨滋生
수억능인
受抑能忍
인억위겸
忍抑爲謙
억하상아
抑何傷我
시고대성화인
是故大聖化人
이수억위행문
以受抑爲行門

**結.**

이와 같이 막히는 데서 도리어 통하고　如是則居礙反通
통함을 구하는 데서 도리어 막히게 되나니　求通反礙
이 장애 속에서　於此障礙
오묘한 경지를 다 이루게 되느니라.　皆成妙境
여래께서는 이 장애 속에서　如來於障礙中
보리도를 얻었을 뿐 아니라　得菩提道
앙굴리마라와 제바달다의 무리가　及鴦屈摩羅之輩 提婆達多之徒
반역의 짓을 하였는데도　皆來作逆
그들에게 수기를 주고　悉與其記
교화하여 성불토록 하셨느니라.　化令成佛
어찌 저들의 거스름을　豈不以彼逆
나의 순리로 삼지 않을 것이며　而爲吾之順
저들의 훼방을　以彼毁
나의 성취로 삼지 않을 것인가　而爲吾之成也
도를 배우는 사람이　於學道人
평소에 장애를 생각해 보지 않으면　於今若不先居於礙
장애가 다다랐을 때　則障礙至時
능히 이겨내지 못하여　莫能排遣
법왕의 큰 보배를　使法王大寶
이로 인해 잃게 되나니　因玆而失
어찌 애석하고 슬프지 않겠는가.　可不惜

# 알기 쉬운 경전 해설서

### 생활 속의 보왕삼매론 / 김현준　　　　신국판 240쪽 9,000원
병·고난·공부방해·마魔·억울함 등의 역경과 일의 성취, 정의 나눔, 타인의 순종, 공덕 쌓기, 이익과 부귀 등의 순경에서 발생하는 장애들을 능히 극복할 수 있게 하는 「보왕삼매론」을 원리에 입각하여 풀이하여 누구나 감동 있게 읽을 수 있습니다.

### 생활 속의 천수경 / 김현준　　　　신국판 240쪽 9,000원
천수관음은 어떤 분이며, 천수관음을 청하는 법과 가피를 얻는 법, 신묘장구대다라니의 풀이와 공덕, 참회 성취의 비결 및 준제기도, 주요 진언의 뜻풀이, 각종 소원을 이루는 방법 및 기도법 등을 상세하게 풀이하고 있습니다.

### 생활 속의 금강경 / 우룡스님　　　　신국판 304쪽 10,000원
금강경의 심오한 내용을 알기 쉽게 풀이하고 일상생활과 접목시켜 강설함으로써 삶의 현장에서 금강경의 가르침을 능히 응용할 수 있도록 하였고, 감동을 주는 일화들을 많이 삽입하여 재미를 더해주고 있습니다.

### 생활 속의 관음경 / 우룡스님　　　　신국판 240쪽 9,000원
관세음보살보문품인 관음경을 통하여 관세음보살의 본질, 일심칭명과 재난 소멸법, 공경예배와 소원 성취법, 관세음보살을 관하는 법 등에 대해 여러 가지 영험담과 함께 감동적으로 풀이하고 있습니다.

### 생활 속의 반야심경 / 김현준　　　　신국판 240쪽 9,000원
공空의 의미, 모든 괴로움의 원인과 괴로움에서 벗어나는 방법, 색즉시공 공즉시색의 참뜻, 걸림 없고 진실불허한 삶을 이루는 방법 등을 반야심경의 경문을 따라 쉽고 상세하고 재미있게 풀이하고 있습니다.

### 예불문, 그 속에 깃든 의미 / 김현준　　　　신국판 256쪽 9,000원
불자들이 답을 얻기 어려웠던 오분향의 의미와 지심귀명례하는 방법, 불법승 삼보의 내용과 문수·보현·관음·지장보살, 십대제자·16나한·5백나한·천이백아라한·역대조사, 그리고 사부대중의 화합 등의 내용을 모두 담았습니다.

---

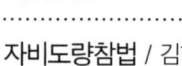
### 자비도량참법 / 김현준 역　　　　양장본 4×6배판 528쪽 25,000원

참되이 참회하시기를 원하십니까? 자비도량 참법 기도를 하십시오. 나의 허물과 죄업의 참회에서 시작하여 부모 스승 친척 등 육도 속을 윤회하는 온 법계 중생의 업장과 무명까지 모두 소멸시켜줍니다. 이 참법을 행하다 보면 저절로 참회의 마음이 깊어지고 자비가 충만하여지고 환희심이 넘쳐나게 됩니다.

### 육조단경 / 김현준　　　　4×6배판 240쪽 8,000원
육조 혜능대사께서 설한 선종의 근본 경전으로 인간의 참된 본성을 보게 하여 마음을 치유하고 깊은 깨달음을 열어주는 불자의 필독서.

**승만경** / 김현준 역　　　　4×6배판 144쪽 6,000원
**유마경** / 김현준 역　　　　4×6배판 296쪽 12,000원
**천지팔양신주경** / 김현준 편역　　　　4×6배판 96쪽 4,000원

## ● 아름다운 우리말 경전 시리즈 ●

**유교경** / 일타스님·김현준 역 　　　　　　　　　　국반판 100쪽 2,500원
부처님의 간절한 마지막 가르침을 담은 매우 소중한 경전.

**금강경** / 우룡스님 역 　　　　　　　　　　　　　국반판 100쪽 2,500원
'금강경을 우리말로 보급하겠다'는 원력에 의해 제작된 책.

**관음경** / 우룡스님 역 　　　　　　　　　　　　　국반판 100쪽 2,500원
관음경의 번역과 함께 관음기도와 염불법에 대해 자세히 설한 책.

**보현행원품** / 김현준 편역 　　　　　　　　　　　국반판 100쪽 2,500원
보현보살의 십대원을 설하여 참된 보살의 길로 이끌어주는 책.

**약사경** / 김현준 편역 　　　　　　　　　　　　　국반판 100쪽 2,500원
한글 번역과 함께 약사기도법과 약사염불법에 대해 자세히 설한 있는 책.

**지장경** / 김현준 편역 　　　　　　　　　　　　　국반판 196쪽 4,000원
편안한 번역으로 쉽게 이해할 수 있도록 하였으며, 기도법도 자세히 수록한 책.

**부모은중경** / 김현준 역 　　　　　　　　　　　　국반판 100쪽 2,500원
부모님의 은혜를 느끼며 기도를 할 수 있게 엮은 책.

**초발심자경문** / 일타스님 역 　　　　　　　　　　국반판 100쪽 2,500원
신심을 굳건히 하고 수행에 대한 마음을 불러일으키게끔 하는 책.

**법요집** / 불교신행연구원 편 　　　　　　　　　　국반판 100쪽 2,500원
법회와 수행 시에 필요한 각종 의식문, 좋은 몇 편의 글들을 수록한 책.

## ● 많이 찾는 기도 독송용 한글 경전 ●

**원각경** / 김현준 편역 　　　　　　　　　　　　　4×6배판 192쪽 8,000원
한국불교의 근본 경전인 원각경을 3년 동안 정성을 다해 수십 차례 번역·수정·윤문하여 쉽게 이해할 수 있도록 하였습니다. 한글과 원문을 바로 옆에 두어 대조하며 읽을 수 있습니다.

**보현행원품** / 김현준 편역 　　　　　　　　　　　4×6배판 112쪽 5,000원
보현행원품과 예불대참회문을 함께 실어 독경 후 행원품에 근거한 전통적인 108배를 행할 수 있도록 만들었으며, 독송 방법과 대참회의 의미 등도 상세히 설명하였습니다.

**금강경** / 우룡스님 역 　　　　　　　　　　　　　4×6배판 112쪽 5,000원
책 크기만큼 글씨도 크게 하고 한자 원문도 수록하였으며, 독송에 관한 법문도 첨부하였습니다. 사찰 및 가정에서의 독송용으로 매우 좋습니다.

**약사경** / 김현준 편역 　　　　　　　　　　　　　4×6배판 100쪽 4,000원
아주 큰 활자로 약사경 한글 번역본을 만들었습니다. 약사경 독경 방법 및 약사염불법도 함께 실어 기도에 도움이 되도록 하였습니다.

**관음경** / 우룡스님 역 　　　　　　　　　　　　　4×6배판 96쪽 4,000원
커다란 글씨의 관음경 해설과 함께 관음경의 원문과 독송법, 관음 염불 방법 등을 수록하여 관음경의 가르침을 쉽게 이해하도록 하였습니다.

# 기도 및 영가천도의 지침서

**광명진언 기도법** / 일타스님·김현준　　　　　신국판 176쪽 6,000원
광명진언 속에 새겨진 참의미와 바른 기도법, 빠른 기도성취법 등을 자상하게 설하고, 유형별 기도성취 영험담을 다양하게 수록하였습니다. 광명진언을 외우면 행복과 평화, 영가천도, 소원성취를 이룰 수 있습니다.

**생활 속의 기도법** / 일타스님　　　　　　　신국판 160쪽 6,000원
불교계 최대의 베스트셀러! 일상생활에서 누구나 처할 수 있는 여러 가지 상황에 따른 구체적인 기도방법에서부터 특별기도성취법·영가천도기도법·기도할 때 지녀야 할 마음가짐까지, 자상한 문체로 예화를 섞어 쉽고 재미있게 엮었습니다.

**기도** / 일타스님　　　　　　　　　　　　　신국판 240쪽 9,000원
총 6장 52편의 다양한 기도 영험담으로 엮어진 이 책을 읽다보면 기도를 통해 틀림없이 부처님의 가피를 입을 수 있음을 확신할 수 있게 되고, 올바른 기도법과 함께 기도성취의 지름길을 알 수 있게 됩니다.

**관음신앙·관음기도법** / 김현준　　　　　　신국판 240쪽 9,000원
관세음보살의 구원 능력, 주요 경전 속의 관음관, 11면관음·천수관음·32응신·33관음 등 자비관음의 여러 가지 모습, 일심칭명 일념염불의 관음기도법, 독경사경 기도법, 다라니 염송 기도법 등을 자세하고도 알기 쉽게 풀이하였습니다.

**지장신앙·지장기도법** / 김현준　　　　　　신국판 188쪽 7,000원
지장신앙 속에는 영가천도뿐만 아니라 현세에서의 행복과 깨달음, 성불의 비결까지 간직되어 있습니다. 이러한 지장신앙의 여러 측면과 함께 생활 속에서 할 수 있는 지장기도법을 자세히 밝혀놓았습니다.

**불교의 자녀사랑 기도법** / 김현준　　　　　신국판 160쪽 6,000원
가장 가깝고 가장 사랑하는 자녀들을 정말 잘 사랑할 수 있는 방법을 부처님의 가르침에 의지하여 정립하고 생활화한 책입니다. 특히 이 책속의 기도법은 자녀의 향상과 발전과 원성취를 이루게 하는 묘법이라 아니할 수 없습니다.

**기도성취 백팔문답** / 김현준　　　　　　　신국판 240쪽 9,000원
기도에 대한 정의·기도와 믿음·기도를 방해하는 번뇌망상·업장소멸·꾸준한 기도의 효험·원을 세우는 법·축원법·각종 기도가피·기도성취의 시기·성취를 위한 하심법 등 기도에 관한 여러 궁금증들을 원리에 입각하여 풀이하였습니다.

**참회와 사랑의 기도법** / 김현준　　　　　　신국판 192쪽 7,000원
참회의 정의에서부터 참회기도를 해야하는 까닭, 절을 통한 참회법·염불참회법·주력참회법·가족을 향한 참회법, 기도 축원의 구체적인 내용 및 자비의 기도가 갖는 효과, '백중과 영가천도'등에 대해 아주 상세하게 설명하고 있습니다.

**참회·참회기도법** / 김현준　　　　　　　　신국판 160쪽 6,000원
참회의 참된 의미, 절·염불을 통한 참회법, 참회인의 마음가짐, 이참법 등을 영험담들과 함께 감동 깊게 엮은 책으로, 참회를 통해 행복하고 자유로운 삶을 사는 방법을 열어주고 있습니다.

**화엄경 약찬게 풀이** / 김현준　　　　　　　신국판 216쪽 8,000원
화엄경약찬게를 그냥 읽으면 참으로 어렵고 무슨 내용인지 알 수 없지만 이 풀이를 본 다음에 읽으면 약찬게를 명확히 파악할 수 있게 될 뿐 아니라 화엄경의 내용까지 꿰뚫어 환희심이 샘솟고 대화엄의 세계에서 노닐 수 있게 됩니다.

**신묘장구대다라니 기도법** / 우룡스님·김현준　　신국판 208쪽 7,000원
신묘장구대다라니를 외우면 생겨나는 가피와 공덕, 기도의 방법과 주의할 점, 우룡스님이 들려주는 14편의 영험담, 대다라니의 근본경전인 『무애대비심다라니경』을 수록하고 있는 이 책을 읽고 자신있게 기도하면 심중 소원의 성취와 기적같은 체험도 할 수 있습니다.

**기도 성취의 지름길** / 우룡스님　　4×6판 160쪽 5,000원
가족을 위한 기도와 기도 성취의 원리에 초점을 맞춘 감동적인 기도법문집. 가족을 향한 참회와 절의 필요성, 3배 기도의 큰 영험과 함께 믿음과 정성이 뒤따르고 고비를 잘 넘겨야 기도를 성취할 수 있다는 것을 많은 이야기를 곁들여 설하고 있습니다.

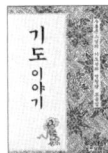
**기도 이야기** / 우룡스님　　신국판 204쪽 7,000원
"스님, 기도로 소원을 성취할 수 있습니까?" 총 6장 45편의, 참으로 재미있는 기도성취 영험담이 수록된 이 책을 읽고 기도를 하면, 불보살님과 통하는 감응의 길이 열리면서 심중소원을 빨리 성취하게 됩니다. 또한 이야기 끝에 붙인 큰스님의 해설은 기도의 방법을 쉽게 터득할 수 있도록 이끌어줍니다.

**영가천도** / 우룡스님　　신국판 160쪽 6,000원
영가의 장애를 느끼십니까? 돌아가신 영가를 영가를 제대로 천도해 드리지 못했습니까? 영가천도의 필요성과 기본자세, 염불·독경·사경을 통한 영가천도, 49재, 낙태아 천도 등 영가천도에 관한 궁금증 및 천도의 방법을 우룡스님의 자세한 법문으로 풀어드립니다.

---

**법화경** (양 장 본) / 김현준 역　　　　　　　　4x6배판 520쪽 25,000원
**법화경** (무선제본) / 김현준 역　　　　전3책 4x6배판 550쪽 22,000원
**법화경 한글사경** / 김현준 역　　　　　　　　4x6배판 각권 120쪽 내외
　　　　　　　　　　　　　　　전5책 권당 5,000원 5권 총 25,000원

---

불교 최고 경전인 법화경! 이 경을 독송하고 사경해 보십시오.
소원성취는 물론 깨달음과 경제적인 풍요까지 안겨줍니다.

법화경을 독송하고 사경하면 부처님과 대우주법계의 한량없는 가피가 저절로 찾아들어 업장소멸은 물론이요 갖가지 소원을 두루 성취할 수 있습니다. 특히 밝은 지혜를 얻고 크게 향상하게 되며 경제적인 풍요와 사업의 번창·입시등 각종 시험의 합격 및 승진이 쉬워지고 가족 모두가 평온하고 복된 삶을 누리며, 병환·재난·가난 등 현실의 괴로움이 소멸되고 부모 친척 등의 영가가 잘 천도되며 구하는 바가 뜻과 같이 이루어집니다.

---

**지장경** / 김현준 편역　　　　　　　　4×6배판 208쪽 8,000원

지장기도를 하는 분들을 위해 ① 지장경을 처음부터 끝까지 1번 독송, ② '나무지장보살'을 천번염송, ③ 지장보살예찬문을 외우며 158배, ④ '지장보살' 천번 염송의 4부로 나누어 특별히 만들었습니다.
지장경 독경 및 지장보살예참과 염불을 할 때, 각 장 앞에 제시된 기도법에 따라 기도를 하게 되면, 지장보살의 가피 속에서 틀림없이 영가천도·업장소멸·소원성취·향상된 삶을 이룩할 수 있게 됩니다.
이 두 책의 내용은 같으며, 활자 및 책크기만 다릅니다.

---

다량의 법보시는 할인 혜택을 드립니다. 출판사로 연락 주십시오. ☎ (02) 582-6612

# 읽을수록 신심을 북돋우는 책

### 리틀 붓다, 행복을 찾아서 / 클라우스 미코슈 지음·김연수 옮김
재치와 감동과 따뜻함이 있는 이야기. 지혜로운 삶에 관한 이야기. 꿈과 성취와 행복이 담긴 이야기. 소중한 삶의 주제들로 가득 채워진 이 책을 읽다 보면 진정한 행복이 무엇인지를 깨닫게 되고, 우리의 불성이 깨어나고 있음을 느낄 수 있게 됩니다.
컬러양장본 184쪽  12,000원

### 뭐가 그리 바쁘노 / 김현준 엮음          4×6판 180쪽  5,500원
총 8장 73가지 일화를 담은 이 책 속에는 우리의 정신을 번쩍 깨어나게 하고 새로운 기운을 불러일으키는 일화들을 비롯하여, 스님께서 제자·시자·신도·수행승들과 함께한 일상생활 속의 참모습들이 생생하게 묘사되어 있습니다.

### 참 생명을 찾는 경봉스님 가르침 / 김현준 엮음    신국판 192쪽  7,000원
경봉스님께서 설한 법문집. 참 생명을 찾는 공부 방법과 도와 인생의 실체, 이 사바세계를 무대로 삼아 멋있게 사는 법 등을 다양한 이야기와 함께 엮은 책입니다.

### 도와 함께하는 행복과 성공 (경봉스님 법어집) / 김현준      160쪽  6,000원
행복은 어디에 있고 어디에 깃들며, 어떻게 할 때 성공하는가? 복 짓는 법과 성공에 있어 가장 필요한 것이 무엇인지를 잘 깨우쳐주고 있으며, 참선수행은 어떻게 하는지를 자상하게 일러주고 있습니다.

### 불자의 마음가짐과 수행법 / 일타스님          신국판 192쪽  7,000원
불자들이 큰 행복과 대자유를 얻기 위해서는 어떠한 마음가짐으로 살아야 하며, 참선·염불·간경·주력의 불교 4대 수행법을 어떻게 닦아야 하는가를 갖가지 비유를 들어 상세히 설하고 있습니다.

### 오계이야기 / 일타스님                신국판 160쪽  6,000원
살생·투도·사음·망어의 근본 4계에 불음주계를 합한 5계에 대한 법문집. 재미있는 일화를 들어 각 계율의 연원과 지키는 방법, 계율을 범했을 때의 과보 등을 자세히 설했습니다.

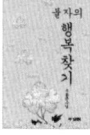
### 불자의 행복 찾기 / 우룡스님             신국판 190쪽  7,000원
우룡스님 설법의 결정판. ① 복 받기를 원하거든 ② 보시로 이루는 큰 복 ③ 아상과 무주상 ④ 행복과 기도의 총 4장으로 나누어져 있는 이 책을 읽다 보면 복 짓고 복 쌓고 복 받는 방법과 원리를 저절로 터득할 수 있게 됩니다.

### 이야기로 배우는 불교 / 보성스님           신국판 160쪽  6,000원
불교! 누구나 쉽게 배울 수 있습니다. 총 5장 44편의 불교와 인생과 기도 이야기를 담은 이 책을 읽다 보면 인간답게 살아야 하는 까닭, 복과 지혜와 자비를 담으며 사는 방법, 감동이 있는 삶과 부처님 가르침의 핵심, 기도를 통해 가피를 입을 수 있는 원리와 방법 등을 터득할 수 있습니다.